第一辑 深圳创新发展系列
深圳创新发展2020书系

深圳的全面深化改革与前海创新试验

乐正◎主编

陈文　马忠新◎著

海天出版社
·深圳·

图书在版编目（CIP）数据

深圳的全面深化改革与前海创新试验 / 乐正主编；
陈文,马忠新著. — 深圳 : 海天出版社, 2019.7
（深圳创新发展2020书系.深圳创新发展系列）
ISBN 978-7-5507-2680-2

Ⅰ.①深… Ⅱ.①乐… ②陈… ③马… Ⅲ.①体制改
革—研究—深圳 Ⅳ.①D676.53

中国版本图书馆CIP数据核字（2019）第123572号

深圳的全面深化改革与前海创新试验

SHENZHEN DE QUANMIAN SHENHUA GAIGE YU QIANHAI CHUANGXIN SHIYAN

出 品 人　聂雄前
责任编辑　孙　艳
责任校对　万妮霞
责任技编　梁立新
封面设计　龙瀚文化

出版发行　海天出版社
地　　址　深圳市彩田南路海天综合大厦（518033）
网　　址　www.htph.com.cn
订购电话　0755-83460239（邮购）　　83460397（批发）
内文排版　深圳市龙瀚文化传播有限公司　　0755-33133493
印　　刷　深圳市新联美术印刷有限公司
开　　本　787mm×1092mm　1/16
印　　张　16
字　　数　200千
版　　次　2019年7月第1版
印　　次　2019年7月第1次
定　　价　88.00元

目　录

附　录

上编

改革之城

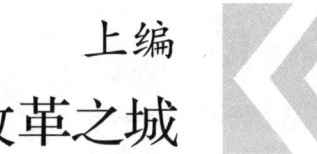

——全面深化改革的"深圳经验"

改革不停顿，开放不止步。党的十八大后，习近平总书记离京考察首站来到广东，勉励经济特区改革开放要有新开拓，要上新水平。深圳牢记使命，高举改革大旗，强化责任担当，不忘初心、砥砺前行，以只争朝夕的紧迫感加快建成现代化国际化创新型城市和国际科技、产业创新中心，勇当"四个全面"排头兵和"四个自信"践行者。深圳全面深化改革以来，社会经济发展成效显著。经济社会发展率先迈入质量时代，成功实现新一轮转型升级，开放程度更高，创新主引擎作用更加突出，走出绿色低碳发展新路径，城市的现代化国际化水平实现新跃升，民生事业跨越发展，发展成果更多更好惠及市民，民主法治建设协调发展，等等。

第一章　改革之城：新时期新起点
——全面深化改革的五年

习近平总书记在十九大报告中明确指出，"我们党深刻认识到，实现中华民族伟大复兴，必须合乎时代潮流、顺应人民意愿，勇于改革开放，让党和人民事业始终充满奋勇前进的强大动力"，强调要更加自觉地投身改革创新时代潮流，坚决破除一切顽瘴痼疾。

一、一座因改革而生的城市

1978年12月18日，党的十一届三中全会隆重召开。这次会议，是中华人民共和国成立以来我们党历史上具有深远意义的伟大转折，开启了我国改革开放历史新时期。从此，党领导全国各族人民在新的历史条件下开始了新的伟大革命。改革开放，是1978年12月十一届三中全会起中国开始实行的对内改革、对外开放的政策。中国的对内改革首先从农村开始，1978年，安徽省凤阳县小岗村开始实行"家庭联产承包责任制"，拉开了我国对内改革的大幕；对外开放是中国的一项基本国策，中国的强国之路，是社会主义事业发展的强大动力。改革开放建立了社会主义市场经济体制。1992年邓小平南方谈话发布，同年10月党的十四大召开，宣布新时期最鲜明特点是改革开放,中国正式进入改革开放转型新时期。改革开放是决定当代中国命运的关键抉择,是发展中国特色社会主义,实现中华民族伟大复兴的必经之路。只有社会主义才能救中国,只有改革开放才能发展中国,改革开放是我国的强国之路,是国家发展进步的活力源泉,我们要毫不动摇地坚持改革开放。

深圳经济特区创建于1980年8月,是我国最早开办的经济特区之一。1979年1月,为扩大对外开放需要,中央和广东省委决定,把当时的宝安县改为深圳市,受惠阳地区和广东省委双重领导;并提出深圳市在若干年内"建设成为具有相当水平的工农业相结合的出口商品生产基地,建设成为吸收港澳游客的游览区,建设成为新型的边境城市"。这"三个建成"的指示,为深圳经济特区的建立与发展提供了重要的依据和条件。1979年7月,根据中央指示,由国务院牵头,起草了关于在广东和福建两省实行"特殊政策、灵活措施"的报告,中央及时批转了这一报告,批准广东和福建在对外经济活动中使用特殊政策,先行一步;决定在深圳、珠海、汕头、厦门试办四个"出口加工区",这是出口加工区这个名称在我国的行政体制上第一次出现。1980年3月,中央在广州召开广东、福建两省会议,讨论了设置经济特区的有关问题和管理条例。同年5月16日,中央明确规定,深圳经济特区要率先建成一个兼营工业、商业、农牧业、住宅、旅游业等多种行业的综合性特区。至此,深圳正式定名为"深圳经济特区",这在我国对外开放的格局中是一次重大的突破与飞跃。

事实证明,经济特区的成立是正确的、成功的。制度的改变带来了奇迹。作为中国改革开放总设计师邓小平亲自倡导设立的中国第一个经济特区,深圳被视为改革开放的窗口。从1980年国家批准设立经济特区以来,"深圳速度"已经成为人们的一个习惯用语。

　　从1980年到党的十八届三中全会召开的2013年之间，深圳从一个人口只有3万的边陲小渔村发展到人口过千万的现代化大都市，城区面积也从最初的3平方公里扩大到700多平方公里，地区生产总值从1979年的1.97亿元增长到2012年的1.30万亿元，创造了世界经济发展史上的奇迹。深圳成长为中国经济最发达的城市之一，高新技术、现代物流业、金融服务业以及文化产业成为四大支柱产业，此外，作为中国最主要的外贸口岸之一，深圳进出口总额持续多年居大中城市第一。2007年，深圳人均生产总值达到10628美元，成为内地首个人均生产总值过万美元的城市。

　　回顾过去几十年的发展历程，深圳始终围绕着"改革创新"，通过不断打破束缚经济社会发展的旧体制，探索制度性的转变。深圳在改革开放三十周年之时，曾经票选出改革开放初期最具影响力的十件大事：

　　1979年，创建内地第一个出口加工区，蛇口炸响"中国对外开放的第一声开山炮"；1982年，"时间就是金钱、效率就是生命"，被誉为"知名度最高，对国人最有影响的口号"；1984年，"三天一层楼"，国贸大厦成为20世纪80年代深圳城市标志，"深圳速度"作为中国改革开放的奇迹被载入史册；1982年，深圳率先放开一切生活必需品价格，第一个取消各类票证，终结了计划经济体制下近四十年的票证制度；1983年，中华人民共和国股票的前身——第一张股金证发行，深圳第一家股份制企业诞生；1987年，率先放开土地市场，土地拍卖"第一槌"引发中华人民共和国土地使用制度的"第一场革命"；1981年，"炒鱿鱼"、打破"铁饭碗"，深圳率先突破固定用工的传统体制，实行"双向选择"，确立了劳动合同制和配套制度；1978年，深圳的"三来一补"企业走出中国第一代"打工妹"，深圳成为最早聚集外来建设者的城市；1989年，创立内地第一个义工团体,"义工"成为深圳家喻户晓的名字,"有困难找义工,有时间做义工"成为深圳最温暖的口号;1992年,邓小平视察深圳时发表南方谈话,为建设中国特色社会主义指明正确方向,给中国带来了又一个思想解放的春天,《深圳特区报》为此发表长篇通讯《东方风来满眼春》,在海内外产生重大反响……"十件大事",记载了深圳改革开放的足迹。

党的十八大后,习近平总书记离京考察的第一站就来到中国改革开放的前沿——广东。在深圳莲花山,习近平总书记感慨万千:"我们来瞻仰邓小平铜像,就是要表明我们将坚定不移推进改革开放,奋力推进改革开放和现代化建设取得新进展、实现新突破、迈上新台阶。"①可见,改革开放已经成为深圳的金字招牌。

改革,是深圳的根、深圳的魂。与时代同步,特区的改革始终在路上。

二、谱写改革新篇章

时代风云激荡。站在历史和未来的交汇处,有着强烈使命感的中国共产党,引领着拥有伟大复兴梦想的中华民族,开启了一段新的伟大征程。扬帆启航,方向至关重要。

2013年11月,党的十八届三中全会审议通过《中共中央关于全面深化改革若干重大问题的决定》,提出了全面深化改革的总目标,即完善和发展中国特色社会主义制度,推进国家治理体系和治理能力现代化。十八届三中全会,开启了中国国家治理现代化的新航程。

----

① 霍小光.聆听伟大复兴的时代足音[N].人民日报,2017-10-09(01)

习近平总书记指出:"党的十八大以来,中央反复强调,改革开放是决定当代中国命运的关键一招,也是决定实现'两个一百年'奋斗目标、实现中华民族伟大复兴的关键一招,实践发展永无止境,解放思想永无止境,改革开放也永无止境,停顿和倒退没有出路,改革开放只有进行时,没有完成时。"①

以习近平同志为核心的党中央,对未来改革进行了蓝图描绘。党的十八届三中全会审议通过《中共中央关于全面深化改革若干重大问题的决定》,对到2020年的改革进行了总体部署,涉及15个领域,提出了60多项改革要求,330项重大改革举措。十八届三中全会部署的全面深化改革是十一届三中全会以来党就改革做出的最全面系统的一次部署,强调以经济体制改革为重点,以协同推进经济体制、政治体制、文化体制、社会体制、生态文明体制和党的建设制度改革为主要内容的全面系统整体性的改革。全会要求,要正确处理政府和市场的关系,使市场在资源配置中起决定性作用;要通过改革加快构建城乡一体化发展体制机制;要通过改革推动社会分配制度和社会保障体系建设;要改革社会治理体制机制,提高社会治理水平。《中共中央关于全面深化改革若干重大问题的决定》描绘了改革总路线图——一个总目标,六个紧紧围绕:

全面深化改革的总目标是完善和发展中国特色社会主义制度,推进国家治理体系和治理能力现代化。必须更加注重改革的系统性、整体性、协同性,加快发展社会主义市场经济、民主政治、先进文化、和谐社会、生态文明,让一切劳动、知识、技术、管理、资本的活力竞相迸发,让一切创造社会财富的源泉充分涌流,让发展成果更

---

① 习近平. 关于《中共中央关于全面深化改革若干重大问题的决定》的说明(2013年11月9日)

多更公平惠及全体人民。

紧紧围绕使市场在资源配置中起决定性作用深化经济体制改革，坚持和完善基本经济制度，加快完善现代市场体系、宏观调控体系、开放型经济体系，加快转变经济发展方式，加快建设创新型国家，推动经济更有效率、更加公平、更可持续发展。

紧紧围绕坚持党的领导、人民当家作主、依法治国有机统一深化政治体制改革，加快推进社会主义民主政治制度化、规范化、程序化，建设社会主义法治国家，发展更加广泛、更加充分、更加健全的人民民主。

紧紧围绕建设社会主义核心价值体系、社会主义文化强国深化文化体制改革，加快完善文化管理体制和文化生产经营机制，建立健全现代公共文化服务体系、现代文化市场体系，推动社会主义文化大发展大繁荣。

紧紧围绕更好保障和改善民生、促进社会公平正义深化社会体制改革，改革收入分配制度，促进共同富裕，推进社会领域制度创新，推进基本公共服务均等化，加快形成科学有效的社会治理体制，确保社会既充满活力又和谐有序。

紧紧围绕建设美丽中国深化生态文明体制改革，加快建立生态文明制度，健全国土空间开发、资源节约利用、生态环境保护的体制机制，推动形成人与自然和谐发展现代化建设新格局。

紧紧围绕提高科学执政、民主执政、依法执政水平深化党的建设制度改革，加强民主集中制建设，完善党的领导体制和执政方式，保持党的先进性和纯洁性，为改革开放和社会主义现代化建设提供坚强政治保证。

面对千头万绪的改革任务和空前巨大的改革压力，2013年，习

近平总书记亲自挂帅担任中央全面深化改革领导小组组长,从制定工作规则到设立专项小组、从审议改革方案到听取改革进展汇报、从部署改革任务到指引改革方法,始终总揽全局、统筹谋划,指引改革航程。中央全面深化改革领导小组把握大局、审时度势、统筹兼顾、科学实施,经济体制和生态文明体制改革、民主法制领域改革、文化体制改革、社会体制改革、党的建设制度改革、纪律检查体制改革6个专项小组改革部署全面展开,各地区各部门迅速统一思想应势而动,改革的步伐向着目标坚定向前。

2014年,中央全面深化改革领导小组确定的80个重点改革任务基本完成,中央有关部门还完成108个改革任务,共出台370条改革成果,"改革形成了上下联动、主动作为、蹄疾步稳、狠抓落实的好局面,呈现出全面播种、次第开花的生动景象"。

2015年,中央全面深化改革领导小组确定的101个重点改革任务基本完成,中央有关部门完成153个改革任务,各方面共出台改革成果415条,"改革呈现全面发力、多点突破、蹄疾步稳、纵深推进的良好态势"。

2016年,中央全面深化改革领导小组确定的97个年度重点改革任务和128个其他改革任务基本完成,中央和国家有关部门还完成了194个改革任务,各方面共出台改革方案419个。

"经过3年多努力,一批具有标志性、关键性的重大改革方案出台实施,一批重要领域和关键环节改革举措取得重大突破,一批重要理论创新、制度创新、实践创新成果正在形成,全面深化改革的主体框架基本确立。"2016年12月30日召开的中央全面深化改革领导小组第三十一次会议上,习近平总书记高度评价全面深化改革取得的阶段性成就。

习近平总书记在党的十九大报告中指出:"坚持全面深化改

革。只有社会主义才能救中国，只有改革开放才能发展中国、发展社会主义、发展马克思主义。必须坚持和完善中国特色社会主义制度，不断推进国家治理体系和治理能力现代化，坚决破除一切不合时宜的思想观念和体制机制弊端，突破利益固化的藩篱，吸收人类文明有益成果，构建系统完备、科学规范、运行有效的制度体系，充分发挥我国社会主义制度优越性。"

习近平总书记还在党的十九届一中全会上的讲话中指出："党的十九大围绕党和国家事业发展新要求，对全面深化改革提出了新任务。全党同志必须牢记，改革开放是决定当代中国命运的关键一招，也是决定实现'两个一百年'奋斗目标、实现中华民族伟大复兴的关键一招。"

所以，只有改革才能发展中国，才能发展深圳。改革，永远在路上。

三、深圳全面深化改革五年概览

改革不停顿，开放不止步。党的十八大后，习近平总书记离京考察首站来到广东，勉励经济特区改革开放要有新开拓，要上新水平。深圳牢记使命，高举改革大旗，强化责任担当，不忘初心、砥砺前行，以只争朝夕的紧迫感加快建成现代化国际化创新型城市和国际科技、产业创新中心，勇当"四个全面"排头兵和"四个自信"践行者。回望过去，改革脉络清晰。

2012年12月，习近平总书记来深圳视察时指出："改革开放的决策是正确的，我们今后仍然要走这条正确的道路。这是一条富国之路、富民之路，要坚定不移地走下去，而且要有新开拓，要上新水平。"

2013年5月，深圳推出了《深圳市全面深化改革总体方案（2013—2015年）》，全市47个部门和单位制定了一系列改革项目，确定了未来三年全面深化改革的总体规划、路线图、时间表、项目库，吹响了改革攻坚的冲锋号。

2014年是全面深化改革开局之年。1月21日召开的深圳市委常委会议决定，成立深圳市全面深化改革领导小组，由市委书记任组长、市长任副组长，出台了《中共深圳市委贯彻落实〈中共中央关于全面深化改革若干重大问题的决定〉的实施意见》。该《实施意见》提出了新时期深圳全面深化改革的指导思想、总体目标、基本要求和总体部署，明确深圳全面深化改革涉及11个重点领域和53项主要任务，以系列组合拳为全面深化改革开局破题。

2015年年初，中共中央总书记、国家主席、中央军委主席习近平对深圳工作作出重要批示，充分肯定党的十八大以来，深圳各项事业发展取得了新的成绩，并要求深圳在"四个全面"中创造新业绩，努力使经济特区建设不断增创新优势、迈上新台阶。深圳市委市政府迅速出台了落实"四个全面"的"近期重点工作方案"。

2015年5月深圳市第六次党代会上，马兴瑞书记代表中共深圳五届委员会作报告。报告指出，要解放思想、真抓实干，做到"五破五立"。报告强调，要率先落实全面深化改革各项任务，推动经济特区建设不断增创新优势、迈上新台阶。

2017年市委六届五次全会上，省委常委、市委书记、市长许勤明确提出，坚持以推进供给侧结构性改革为主线，坚持"深圳质量""深圳标准"，加快建设现代化国际化创新型城市和国际科技、产业创新中心，推动深圳经济特区建设不断增创新优势、迈上新台阶。

根据统计，深圳贯彻学习中央、省全面深化改革领导小组历次会议精神,组织召开多次市委全面深化改革领导小组会议,研究推进多项重要改革事项,开展改革专项督查,关联深圳的中央深改组部署已落实138个,落实率达81.2%。

表1 深圳市委历次全面深化改革领导小组会议情况

日期	次序	主要内容
2014年2月21日	第一次会议	审议通过《中共深圳市委全面深化改革领导小组工作规则》《中共深圳市委全面深化改革领导小组办公室工作细则》,研究讨论了《深圳市2014年全面深化改革重点项目》及领导小组近期工作
2014年4月18日	第二次会议	听取了各区、各部门改革工作汇报
2014年7月9日	第三次会议	听取市委重点改革项目进展情况、全面深化改革专项督察报告,审议7个改革专项小组改革项目分工
2014年10月29日	第四次会议	审议《深圳市刑事案件速裁程序试点工作方案》《深圳市深化财税体制改革率先建立现代财政制度的实施方案》《关于进一步深化市属国资国企改革的总体方案》
2015年1月7日	第五次会议	审议通过《深圳市公办中小学和医院去行政化改革工作方案》《深圳市大鹏半岛生态文明体制改革总体方案》《市委全面深化改革有关工作制度(五项)》,听取了2014年市委"三化一平台"改革完成情况
2015年2月16日	第六次会议	审议通过《深圳市2015年改革计划》《深圳市深化文化体制改革实施方案》,听取了2014年改革督察评估情况、先进典型单位工作汇报
2015年9月11日	第七次会议	讨论了市委全面深化改革领导小组专项小组调整方案,根据深圳市党代会、两会后情况调整变动;听取了前海蛇口自贸片区改革、加快转变政府职能改革情况汇报
2015年11月17日	第八次会议	审议通过《启动我市法官检察官职务套改 完善司法人员分类管理和职业化改革工作方案》《深圳市建立健全法官检察官绩效考核激励机制试点方案》《区法院检察院工作人员实行市级统一管理改革方案》《中共深圳市委全面深化改革专项小组联络员工作制度(修订)》《中共深圳市委全面深化改革第三方评估工作制度(试行)》,听取了罗湖物业管理改革、公立医院改革情况汇报

续表

日期	次序	主要内容
2016年5月5日	第九次会议	审议通过《深圳市2016年改革计划》《关于深化深圳市属企业负责人薪酬制度改革的实施方案》
2016年7月29日	第十次会议	审议通过《关于推广罗湖区城市更新改革试点经验的方案》《全面深化规划国土体制机制改革方案》，听取了深化社区股份公司改革情况的汇报
2016年9月14日	第十一次会议	审议通过《深圳市公安机关辅警辅助人员管理改革方案》，听取了深化医药卫生体制改革进展情况、关于加快高等教育发展的若干意见的汇报
2017年6月2日	第十二次会议	审议了《深圳市人民政府关于深化规划国土体制机制改革的决定》
2017年6月28日	第十三次会议	审议了《深圳市2017年改革计划》

深圳全面深化改革五年来，社会经济发展成效显著。

1. 经济社会发展率先迈入质量时代

当前经济发展进入新常态，在"深圳速度"的基础上，深圳提出了"深圳质量"新要求，着力推进标准、质量、品牌、信誉一体化建设，加快转变经济发展方式，全面提升发展质量。五年来，"深圳质量"逐渐成为社会普遍认同的价值观，贯穿到经济社会发展各领域和全过程。深圳获批成为首个全国质量强市示范城市。质量高、结构优、创新强、速度稳正成为深圳经济特区发展的"新常态"。地区生产总值由2012年的1.30万亿元增长到2016年的1.93万亿元，保持了年均10%左右的稳定增长。全口径财政收入由2012年的4502亿元增加到2016年的7900多亿元，增长75%；地方一般公共预算收入由1482亿元增加到3100多亿元，翻了一番多。万元地区生产总值能耗、水耗在"十二五"期间累计下降19.87%和43%，约为全国平均水平的1/2和1/9，以更少的资源能源消耗、更低的环境成本支撑了更高质量、更可持续的发展。

2. 成功实现新一轮转型升级

深圳始终保持转型升级的目标不变、力度不减、步伐不停，大力推动增量优质、存量优化，以转型升级主动实现腾笼换鸟、凤凰涅槃。产业结构呈现"三个为主"的鲜明特征，即经济增量以新兴产业为主，新兴产业对地区生产总值增长贡献率提高至53%左右；工业以先进制造业为主，先进制造业占工业比重超过70%；第三产业以现代服务业为主，服务业占地区生产总值比重60.5%，现代服务业占服务业比重提高至70%以上。其中，战略性新兴产业年均增长20%以上，增加值占地区生产总值比重超过40%，对经济增长的贡献率接近50%；华星光电第11代新型显示面板生产线、中芯国际12英寸芯片生产线、开沃新能源汽车、国际会展中心等150个重大项目开工建设；本土世界500强企业增至5家，营业收入超500亿元企业达22家；新兴际华国际总部、发那科南方总部、中冶集团华南总部等落户深圳，平安国际金融中心、腾讯滨海大厦、深圳阿里中心、百度国际总部等建成启用；高端项目和企业加速集聚，优质产业加速壮大，产业结构更加优化。

3. 开放程度更高

深圳以全球视野积极融入世界城市坐标体系，以更加主动的开放为发展注入新动力。粤港澳大湾区纳入国家"一带一路"倡议，广东自贸区前海蛇口片区挂牌成立并取得一系列可复制、可推广的制度成果，国务院批复的《前海深港现代服务业合作区总体发展规划》和22条先行先试政策加快落地，前海深港合作区航空限高、平南铁路迁移、土地整备等片区开发瓶颈和新城开发建设取得重大突破，自贸片区企业从2012年12月的5215家，增长到目前的12.5万家，年均增长率超过112%，实现"一年一个样"的新变化；深港交流合作迈出新步伐，建立高层会晤机制，香港落马洲河套地区合作开发启动，广深港客运专线福田站正式启用，"深港通"正式开通，两地金融经贸、教育医疗、青年交流等领域取得了一系列实质性成果；落实"一带一路"倡议凸显新成效，印尼、白俄罗斯等境外产业园区建设加速推进，与巴布亚新几内亚签署综合产业园合作协议，对"一带一路"沿线国家和地区的中方协议投资额大幅增长；国际化城市建设取得新进展，友好城市和友好交流城市总数达81个，深圳国际航空枢纽纳入国家"十三五"规划，洲际航线从无到有开通5条，实现直飞欧美澳，一批重要国际性活动和会议在深圳召开，城市知名度和影响力进一步提升。

4. 创新主引擎作用更加突出

深圳全面落实创新驱动发展战略，深入实施国家创新型城市总体规划，出台创新驱动发展"1+10"文件；加快向引领式创新和全面创新迈进，成为首个以城市为基本单元的国家自主创新示范区；建设科技、产业创新中心，定位列入国家"十三五"规划。2016年深圳全市研发投入超过800亿元，占深圳地区生产总值的4.1%。国家超级计算深圳中心、国家基因库和大亚湾中微子实验室建成，国家、省和市级重点实验室、工程实验室、工程研究中心和企业技术中心等创新载体累计达1493家。2016年PCT（《专利合作条约》）国际专利申请量约2万件，占全国50%左右。华为短码方案成为全球5G技术标准之一，石墨烯太赫兹芯片、无人机、柔性显示器等技术处于全球领先水平。综合创新生态体系更加完善，推进国家科技金融试点城市建设，VC/PE机构累计近5万家、注册资本约3万亿元。国家级高新技术企业由2012年的2876家增加到2016年的8037家，增长1.8倍。

5. 走出绿色低碳发展新路径

深圳出台推进生态文明、建设美丽深圳的决定，率先实施低碳发展中长期规划和生态文明建设考核,率先建立环境形势分析会制度,推进大气环境、水环境和绿化美化三大工程,城市绿色颜值显著提升,市民绿色福利不断增多。PM2.5平均浓度从42微克/立方米下降至27微克/立方米,空气质量居国内城市领先水平。节能减排成效明显,化学需氧量、氨氮、二氧化硫减排量提前超额完成"十二五"目标。在全国率先全面实施绿色建筑标准,绿色建筑总面积达5320万平方米,规模居全国城市首位。低碳发展持续推进,开展碳排放权交易试点,国际低碳城成为中欧可持续城镇化合作旗舰项目。累计推广应用新能源汽车超过6.5万辆,居全球城市前列。公园总数增至972个,建成绿道2400公里,总长和密度均居珠三角城市首位。

6. 城市的现代化国际化水平实现新跃升

深圳认真落实国家新型城镇化战略,出台提升城市发展质量决定和国际化城市建设行动纲要,城市综合服务功能更加完善。制定实施新一轮城市总体规划、土地利用总体规划,大力推动实施"东进战略",统筹实施中轴提升和西部优化战略,新设立龙华、坪山两个行政区①。大力推进经济特区一体化行动计划,原特区外投资占全市投资70%以上。现代化基础设施增强城市功能,深圳北站、广深客运专线、厦深铁路等重大基础设施投入使用,沿江高速、博深高速、新彩通道等建成通车,机场旅客年吞吐量超过4000万人次,地铁运营里程达285公里,公交日均客流量超过千万人次。率先发布实施城市公共安全白皮书,深刻吸取光明新区渣土受纳场"12·20"特别重大滑坡事故灾害教训,单独设立市安监局,组建城市公共安全技术研究院,全面推进余泥渣土受纳场、危险边坡等

---

① 本书写作时,尚未设立光明区。——编者注

专项整治行动。重拳出击整治违法建筑,罗湖"二线插花地"棚户区改造实现"破冰",2016年拆除各类违法建筑约1100万平方米,实现新增违建"零增长"、存量违建"负增长"。

7. 民生事业跨越发展,发展成果更多更好惠及市民

五年来,全市财政九类重点民生领域投入8773亿元,年均增长25.6%。基本民生保障水平持续提升,居民人均可支配收入、最低工资标准、最低生活保障标准均居全国领先水平。教育事业实现新发展。出台《深圳市中长期教育改革和发展规划纲要(2010—2020年)》,教育投入年均增长13%左右;新增中小学学位27.9万个、幼儿园学位14.6万个,学位累计数相比五年前增长25.3%和46.19%。推动高等教育开放式跨越发展,规划建设了深圳技术大学、深圳北理莫斯科大学、哈尔滨工业大学深圳校区、中山大学深圳校区、天津大学佐治亚理工深圳学院等一批高校和特色学院,推动清华大学、北京大学、中国人民大学等6所高校签约落户深圳,目前拥有13所高校、10所特色学院。医疗卫生事业迈出新步伐。大力实施医疗卫生"三名工程",引进高水平医学团队超过100个、名(中)医诊疗中心8家,三级医院由13家增加到31家,三甲医院由8家增加到11家;家庭医生试点稳步推进。住房保障不断加强。成立注册资本1000亿元的市人才安居集团,保障房开工16.96万套、竣工14.6万套、供应14.56万套,惠及人才和低收入群体60余万人。

8. 加强民主法治建设协调发展

深圳进一步发挥人大权力机关作用,监督"一府两院"及重大事项决策等职能不断强化,启动预算支出全市联网监督,全口径预决算审查监督不断深化,对法律法规实施情况和食品安全、环境污染等民生热点问题监督力度进一步加强;率先探索人大主导立法新机制,前移立法审查关口、全程跟踪立法管理、扩大立法社会参与,

制定实施商事登记规定、加强碳排放管理规定等一批在全国有示范性、引领性作用的法规规章,立法科学化、民主化、规范化水平实现新提升。支持政协依章程开展政治协商、民主监督、参政议政,打造了"委员议事厅"、委员社区讲堂等协商民主新平台,创新开展立法协商,推动协商民主广泛、多层、制度化发展;围绕城市公共安全、创新驱动发展等重点工作开展专题调研和协商,五年累计提出高质量的意见建议近900条;创新开展专项民主评议,提高民主监督实效。巩固壮大最广泛的统一战线,积极推进与各民主党派、工商联、无党派人士和人民团体合作共事,"双拥"、民族、宗教、外事、对台、港澳等工作取得新成绩,工会、共青团、妇联、侨联、文联、科协、残联等人民团体的桥梁纽带作用进一步增强。一流法治城市建设取得突破。法治政府建设迈出坚实步伐,连续两届荣获"中国法治政府奖";率先启动司法人员分类管理,法官、检察官职业化和司法权力运行机制改革,率先全面落实司法责任制改革,最高人民法院第一巡回法庭落户深圳,前海合作区人民法院挂牌运作。文化体育事业全面推进,深圳被联合国教科文组织授予"全球全民阅读典范城市"。社会组织综合监管体系初步构建,市民安全感和满意度持续提升,社会大局和谐稳定。

第二章 政府改革：治理体系和治理能力的升级再造

一、正确处理政府、市场与社会关系，推进"放管服"改革

厘清政府、市场和社会的边界，已成为全面深化改革的中枢环节。十八届三中全会指出，经济体制改革是全面深化改革的重点，核心问题是处理政府和市场的关系，使市场在资源配置中起决定性作用，更好地发挥政府作用。而要处理好政府和市场的关系，寻找两者的边界，是最基础的一步。

党的十八届三中全会审议通过的《中共中央关于全面深化改革若干重大问题的决定》指出，科学的宏观调控，有效的政府治理，是发挥社会主义市场经济体制优势的内在要求。必须切实转变政府职能，深化行政体制改革，创新行政管理方式，增强政府公信力和执行力，建设法治政府和服务型政府。

党的十九届三中全会审议通过的《中共中央关于深化党和国家机构改革的决定》指出，深化党和国家机构改革是推进国家治理体系和治理能力现代化的一场深刻变革。党和国家机构职能体系是中国特色社会主义制度的重要组成部分，是我们党治国理政的重要保障。提高党的执政能力和领导水平，广泛调动各方面积极性、主动

性、创造性，有效治理国家和社会，推动党和国家事业发展，必须适应新时代中国特色社会主义发展要求，深化党和国家机构改革。

转变政府职能，是深化党和国家机构改革的重要任务。要坚决破除制约使市场在资源配置中起决定性作用、更好发挥政府作用的体制机制弊端，围绕推动高质量发展，建设现代化经济体系，加强和完善政府经济调节、市场监管、社会管理、公共服务、生态环境保护职能，调整优化政府机构职能，全面提高政府效能，建设人民满意的服务型政府。

习近平总书记也多次强调，推进机构改革和职能转变，要处理好大和小、收和放、政府和社会、管理和服务的关系。

与西方国家划分政府与市场边界的探索相比，中国有其自身特点。最为突出的是，从政府在资源配置中发挥决定性作用，到"市场在资源配置中起决定性作用"，是中国划分政府与市场边界的起点与终点。这一点与西方截然不同，因为我们是伴随着从高度集权的计划经济体制向社会主义市场经济体制转型过程，探索政府与市场边界的。

从改革开放之初的政府在资源配置中发挥决定性作用，到1992年十四大"使市场在社会主义国家宏观调控下对资源配置起基础性作用"，到2002年党的十六大"在更大程度上发挥市场在资源配置中的基础性作用"，到2007年党的十七大"从制度上更好发挥市场在资源配置中的基础性作用"，再到2013年党的十八届三中全会明确"使市场在资源配置中起决定性作用"，其脉络清晰可见。

李克强总理在2017年6月召开的全国深化简政放权放管结合优化服务改革电视电话会议上，阐述了政府职能转变的重要性。

我们推动的政府职能转变是一场从理念到体制的深刻变革，是一场刀刃向内的自我革命。一是要改革以审批发证为主要内容的传统管理体制。……二是要革除与审批发证相关联的寻租权力和不当利益。……三是要改变与审批发证相伴的"看家本领"。……

我们推动的"放管服"改革、转变政府职能是一个系统的整体，首先要在"放"上下更大功夫，进一步做好简政放权的"减法"，又要在创新政府管理上破难题，善于做加强监管的"加法"和优化服务的"乘法"。

作为市场化程度较高的地区，深圳在理顺政府、市场与社会关系方面也是较为清晰的。近年来，深圳持续深入推进"放管服"改革，不断推进职能转变，成效显著。

（一）简政放权，推进政府职能"瘦身"

党的十九届三中全会审议通过的《中共中央关于深化党和国家机构改革的决定》指出，要深入推进简政放权。减少微观管理事务和具体审批事项，最大限度减少政府对市场资源的直接配置，最大限度减少政府对市场活动的直接干预，提高资源配置效率和公平性，激发各类市场主体活力。清理和规范各类行政许可、资质资格、中介服务等管理事项，加快要素价格市场化改革，放宽服务业准入限制，优化政务服务，完善办事流程，规范行政裁量权，大幅降低制度性交易成本，鼓励更多社会主体投身创新创业。全面实施市场准入负面清单制度，保障各类市场主体机会平等、权利平等、规则平等，营造良好营商环境。深圳自2012年启动第六轮行政审批制度改革以来，不断精简行政职权事项，清理规范中介服务事项。

积极精简行政职权事项。按照能简尽简原则，深圳先后进行4次大的清理，共调整市级部门行政职权事项1080项，市级行政审批事项从2012年的391项减至2017年的216项，减幅近45%，与全国其他大城市相比已较为精简。

完成市直部门三批共77项中介服务事项清理规范工作，公布了保留的市级行政审批中介服务事项目录，共计98项。持续优化政府投资审批流程。

建立健全政府投资项目跨部门协同办理机制，实行并联审批；推进项目批量集中立项和分类实行简易审批，简化项目审批程序，进一步提高了审批效能。

建立和实施收费目录清单制度。编制出台了行政事业性收费目录清单、涉企行政事业性收费目录清单、政府性基金目录清单、实行政府定价的涉企经营服务收费目录清单，实行常态化公开和动态管理，从源头上防止乱收费、乱摊派。2011年至2017年年初，先后取消、减免或降低收费共131项，累计减轻社会和企业负担约30亿元。

率先探索并不断深化商事登记制度改革。2013年在全国率先推行商事制度改革以来，商事登记前置审批事项从69项减至10项，后置审批事项也从117项减至114项；不断推进"多证合一"改革，2014年实现"四证合一"，2016年实现"六证合一"；大力推行工商登记电子化，办理时限由窗口办理的20天减至网上全流程办理的1至2天；在前海蛇口自贸区试点"证照分离"改革，着力破解"照易证难"的问题。

（二）推进"强区放权"改革，推动各区协调均衡发展

针对当前存在的市强区弱、权责不对等、小马拉大车以及城市整体管理治理能力有待提升等突出问题，创新推进强区放权改革，进一步明晰市级决策统筹、区级执行落实、街道治理服务"三级定位"，全面下放审批管理权、驻区机构管理权、人财物配置权等"三种权力"，增强区级政府的经济社会发展、城市建设管理和公共服

务供给等"三种能力"。强区放权改革共提出20项举措，下放144项事权，其中已完成水污染治理、规划国土、交通运输等重点领域的改革，下放108项事权；另涉及城市建设、城市管理及社会管理等领域的36项事权也已编制权责清单，即将印发实施。其中，在政府投资事权方面，重点在城市水务、交通运输、城市建设、党政机关等领域下放16项（其中城市水务领域下放事权3项，交通相关领域下放事权5项，城市建设领域下放事权7项，政党机关、社会团体领域下放事权1项）。调整后预计净下放投资需求占市区两级政府投资需求的9.6%，同时，市区政府投资需求从约6∶4调整为约5∶5，财力下沉金额高达1600亿元。强区放权改革有效提升了政府管理服务水平，全面营造了良好的营商环境。

（三）加强事中事后监管，打造公平规范的市场环境

党的十九届三中全会审议通过的《中共中央关于深化党和国家机构改革的决定》指出，强化事中事后监管。改变重审批轻监管的行政管理方式，把更多行政资源从事前审批转到加强事中事后监管上来。创新监管方式，全面推进"双随机、一公开"和"互联网+监管"，加快推进政府监管信息共享，切实提高透明度，加强对涉及人民生命财产安全领域的监管，主动服务新技术新产业新业态新模式发展，提高监管执法效能。加强信用体系建设，健全信用监管，加大信息公开力度，加快市场主体信用信息平台建设，发挥同行业和社会监督作用。

深圳按照放管结合、并重的要求，不断厘清监管职责，完善监管方式，健全监管制度，理顺监管体制，全面提升政府管理治理能力，打造公平规范的市场环境，激发"大众创业、万众创新"活力。

完善政府监管体系和监管规则。商事登记改革后，针对25个部

门涉及商事主体登记的129项行政审批事项，逐一制定并公布后续监管办法，构建起"谁审批、谁监管"的政府监管体系和监管规则。

出台专门的加强监管工作方案。2017年2月深圳在全国率先出台《深圳市加强事中事后监管、进一步转变政府职能工作方案》（简称《工作方案》），明确市区各部门按照转变政府管理重心要求，通过厘清监管职责、完善监管标准、改革监管体制、创新监管方式、搭建监管平台等，着力构建权责明确、公正公平、透明高效、法治保障的事中事后监管体系。

率先完成权责清单编制。2014年3月在市区街三级全面启动清理行政职权编制权责清单工作，历时一年基本完成，比中央要求的时限提前一年，有效明晰了政府部门职权"家底"，强化了监管责任落实。其中权责清单10大类划分及权力清单、责任清单"两单合一"的做法得到中央编办的充分肯定和推广。

扎实推进"双随机一公开"监管工作。目前，市直行政执法部门基本建立"一单两库一细则"，市场监管领域95%以上的日常市场监管事项已实施"双随机"抽查；"双随机一公开"实施情况也已纳入年度考评。

深化监管执法体制改革。重点理顺了市、区在规划土地监察、城管等领域的监管执法权责，减少了执法层级，推动了执法重心下移。建立前海蛇口自贸片区综合行政执法体系。优化监管资源配置，将更多的人员力量由审批转向监管，充实加强监管力量。

（四）优化政府服务，增强企业和群众的"获得感"

2016年，国务院印发《关于加快推进"互联网+政务服务"工作的指导意见》，广东省也发文在全省大力推广"一门式一网式"政府服务模式改革。同年8月份，深圳出台了"互联网+政务服务"暨

"一门式一网式"政府服务模式改革实施方案,成立市"互联网+政务服务"改革专责工作小组,强力推动改革。初步完成了行政审批标准化工作。为市区两级每个依申请的职权事项(共1708项)编制标准化办事指南、业务手册,为市区一体化的网上办事、实现同城通办奠定了基础。全面推进"一门式一网式"政府服务模式。依托实体办事大厅和网上办事大厅,建立"前台综合受理、后台分类审批、统一窗口出件"的服务模式,实现"一门在基层、服务在网上"。截至2017年6月底,10个区级行政服务大厅共开设综合窗口196个,68个街道服务大厅共开设综合窗口746个,658个社区共开设综合窗口1448个,初步实现服务大厅和综合窗口全覆盖;已完成全市统一的申办受理平台和身份认证平台建设,并与部分区和部门完成对接运用;全市统一的电子证照库正按照省统一要求予以完善。便民服务水平不断提升。建成覆盖市区各单位、全市统一的政务信息资源共享平台,建成全市统一的人口、法人、空间地理等公共基础信息资源库,并实现了居民身份证号码、法人组织机构代码、房屋编码的"三码关联",为部门间业务协同联动、信息资源共享提供了有力支撑。开展相对集中行政许可权试点改革。积极推动福田区开展相对集中行政许可权试点改革,福田区政务服务大厅和10个街道政务服务大厅均已设立综合受理窗口,30项街道业务已在区内实现"通办通取"。同时,市经贸信息委、人居环境委、人力资源保障局、文体旅游局、住房建设局等部门也成立了专门的业务受理处,相对集中开展行政审批业务。

二、大部门制改革

改革开放以来，国务院机构于1982年、1988年、1993年、1998年、2003年、2008年、2013年集中进行了七次改革①，每一次都提出了改革的指导思想和原则。2013年，国务院机构改革的主要思路是"以职能转变为核心，重点围绕转变职能和理顺关系，稳步推进大部门制改革"。②

党的十八届三中全会通过的《中共中央关于全面深化改革若干重大问题的决定》指出，要统筹党政群机构改革，理顺部门职责关系。积极稳妥实施大部门制。优化行政区划设置，有条件的地方探索推进省直接管理县（市）体制改革。严格控制机构编制，严格按规定职数配备领导干部，减少机构数量和领导职数，严格控制财政供养人员总量。推进机构编制管理科学化、规范化、法制化。

大部门制改革，即为推进政府事务综合管理与协调，按政府综合管理职能合并政府部门，组成超级大部的政府组织体制。特点是扩大一个部所管理的业务范围，把多种内容有联系的事务交由一个部管辖，从而最大限度地避免政府职能交叉、政出多门、多头管理，从而提高行政效率，降低行政成本。

大部门制度有利于减少职能交叉，完善行政运行机制。我国目前政府组织机构设置存在的突出问题是部门过多、职能交叉、权责脱节。职能交叉还损害了国家整体利益的实现，严重影响了经济社会统筹发展。实行大部门制，能适应信息技术发展带来的由传统

---

① 本书写作时，2018年的第八次政府机构改革尚未进行。——编者注
② 王晓晖. 坚持优化协同高效推进党和国家机构改革[N]. 人民日报，2018-03-19（08）

的以职能为中心的职能导向型政府转向建设以流程为中心的流程导向型政府，有利于整合政府资源，再造工作流程，确保全面履行政府职能，为公众提供便利和高质量的公共服务。有利于落实问责制，建设责任政府。部门过多必然造成职能分散、政出多门，既不利于集中统一管理和加强政府应有权威，又不利于落实问责制和建设责任政府。大部门制强调的是部门职能的有机统一和综合管理，能够较好地协调职能机构统一和专业分工的关系，对于协调部门关系、强化政府权威和落实责任追究具有重要意义。有利于行政体制改革的突破和深化，是加快行政管理体制改革的关键环节。大部门制将是未来行政管理体制改革的重点和亮点，应当将大部门制改革放到整个行政管理体制改革的全局来定位和设计，综合考虑政府改革的系统配套问题，将组织重建、体制变革、机制创新、职能转变、流程再造、管理方式创新以及相互关系的调整有机结合起来，全方位推进我国政府组织变革。因此，要从整体推进行政管理体制改革，实现政府治理创新和现代化的高度，充分认识推进大部门制改革的重大意义，将其作为加快行政管理改革的关键环节，按照深入贯彻落实科学发展观和构建社会主义和谐社会的要求，加强领导、科学规划、周密设计、统筹协调、稳步推行。

但这并不意味着要一味推行大部门制，要具体问题具体分析。习近平总书记在党的十八届二中全会第二次全体会议上强调："大部门制要稳步推进，但也不是所有职能部门都要大，有些部门是专项职能部门，有些部门是综合部门。综合部门需要的可以搞大部门制，但不是所有综合部门都要搞大部门制，不是所有相关职能都要往一个筐里装，关键要看怎样摆布符合实际、科学合理、更有效率。"

(一)深圳大部门制改革历程

2009年以来,深圳市大部门制改革主要历经了2009年的"全面铺开"以及2009年后的"深化完善"两个阶段。

第一阶段:2009年9月8日,深圳机构改革方案出台,标志着深圳大部门制改革启动。深圳的政府部门从此前的46个减少至31个,精简幅度达三分之一,机构个数在15个副省级城市中最少。同时,还减少内设、下设及派出机构151个,其中副局级减少5个、处级减少90个、科级减少56个;相应减少领导职数394名,其中局级减少56名、处级减少139名、科级减少199名;此外,减少事业单位60个。深圳机构改革在一定程度上解决了政府内部职能和机构重叠的问题,把原来部门、处室之间的外部协调变成其内部的职责分工,促进了部门职能的有机融合,优化了内部工作流程,完善了符合大城市管理特点和现代公共管理要求的政府架构。

同时,通过委、局、办的划分,部分实现了决策权、执行权与监督权的适度分离,加强了决策的统筹性,提高决策执行的高效性,加强决策与执行之间的制约与协调。

第二阶段:在2009年大部门体制改革后,深圳根据经济社会发展的实际需要,一方面不断改革完善大部门制,优化调整政府组织机构,完善职能配置;另一方面,以"放管服"改革为主要抓手,不断加大简政放权力度,进一步理顺政府与市场、社会的关系,推动政府职能转变。

(二)深圳大部门制改革亮点

深圳大部门制改革经过不断完善,行政管理体制呈现如下亮点:

1. 突出政府职能转变，充分发挥了市场在资源配置中的决定性作用

深圳2009年的大部门制改革重点对市场监管、产业发展等方面的管理体制进行了大胆突破和创新，果断"退"出政府越位的领域，放手让市场机制和社会组织发挥作用。

职能改革始终是机构改革的先导，深圳大部门制改革最关键的是突出政府职能的转变。转型意味着政府职能的精简优化，这就要求大力推进政企分开、政资分开、政事分开、政府与中介分开，向市场和社会放权，努力做到凡是公民、法人和其他组织能够自主解决、市场机制能够自行调节、行业组织能够自律管理的事项，政府主动放权放手。深圳市机构编制委员会办公室统计，2009年大部门制改革全面铺开期间，共取消、调整、转移284项职责和行政审批事项，其中"净"减少的行政审批事项194项，精简幅度接近三分之一；取消、调整和转移部门承担的评比表彰、统计考核、宣传培训、办展办会等事务性职责87项（其中69项转移给社会组织，有利于社会组织发展壮大）。

党的十八大以来，深圳更是以"放管服"为抓手，进一步简政放权，推进政府职能"瘦身"。深圳积极精简行政职权事项，按照能简尽简原则，先后进行4次大的清理，共调整市级部门行政职权事项1080项，市级行政许可事项从2012年的391项减至2017年9月的216项，减幅接近45%，与全国其他大城市相比较为精简。率先探索并不断深化商事登记制度改革。据统计，2013年至2017年8月，深圳商事登记前置审批事项从69项减至10项，后置审批事项也从117项减至114项；不断推进"多证合一"改革，2014年推行"四证合一"，2016年实现"六证合一"；大力推行工商登记电子化，办理时限由窗口办理的20天减至网上全流程办理的1至2天。

2. 统筹"大产业"，在加强产业管理方面取得了突破

改革前，深圳涉及产业管理的部门较多，资源分散，多头管理，聚合度不高。为促进产业升级，以流通引导生产、以信息化带动工业化，减少企业办事环节，提升服务的效率与质量，深圳整合了贸易工业局、科技和信息局、高新技术产业园区领导小组办公室、保税区管理局、信息化领导小组办公室5个部门，组建了科技工贸和信息化委员会，对产业实施统一管理，并重在管规划、管政策、管标准，指导行业发展。

此后，深圳根据自身的产业发展特点，为更好地推动科技创新，与时俱进调整完善机构设置，针对推进自主创新主体不够突出、科技创新引领作用发挥不够充分等问题，于2011年又单设科技创新部门，进一步高举科技创新大旗，提升自主创新能力。同时，撤销农业和渔业局，将农业、渔业管理职能划入经贸信息部门，在全国率先实现了第一、第二、第三产业的统一管理，全面加强产业间的统筹协调发展。

3. 在谋求城市整体协调发展上取得了新的突破

改革前，深圳存在部门间分工不合理，职责交叉重叠，建设和管理缺乏整体性、协调性等问题，如城市总体规划和土地利用规划之间缺乏有机衔接，交通运输管理、园林绿化管理按传统的城乡分治模式实行特区内外分治等。大部门制改革后，新组建了规划和国土资源管理委员会，统一负责城市的总体规划与土地利用规划的编制，综合协调与平衡各职能部门编制的专业规划，强化政府对城市空间资源的有效掌控，推动重大项目落地实施和产业空间集约使用，实现与发展和改革委员会负责的国民经济和社会发展规划有机衔接等。组建了交通运输管理委员会，统筹负责特区交通规划（设计）、建设、管养、执法以及运输管理（原特区外的交通、公路也由

原来的分级管理调整为市垂直管理），适应城市化发展的需要，提升城市化的内涵，加快实现特区一体化发展。

此外，按照城市化的总体要求，推进深圳园林城市、花园城市建设，实现林业和园林的统一管理，林业管理职能由农林渔业局划入城市管理局，由城市管理统管市容市貌、环境卫生和园林绿化工作。

4. 推行"大市场"，在加强市场监管方面进行了新探索

通过不断改革创新，探索组建了运行高效、监督有力的"大市场监管"体制，打造了市场监管领域大部门制改革的深圳样板。

改革前，深圳市市场监管部门按生产、流通、消费等环节进行分工，这与市场要素的流动性特点不符，导致市场监管职责不清，执法资源分散，影响了市场监管的整体性和统一性，降低了市场监管效能。如在食品安全监管方面，采取"分段监管为主、品种监管为辅"的方式，农业、质监、工商、卫生、药监等多个部门对食品链的不同环节或不同品种进行监管；在知识产权管理方面，商标和专利、版权管理职能分离，管理分散，分别由市工商局、市知识产权局承担，执法力量也不均衡。2009年"大部门制"改革中，组建了市市场监督管理局，统一承担原工商局、质量技术监督局、知识产权局的职责，以及卫生局餐饮环节的食品安全监管职责，切实加强对生产、流通领域的统一监管，强化食品安全执法监督，有力保护知识产权。调整后，食品安全监管由改革前卫生、农业、质监、工商、食品药品5个部门负责，减为卫生、农业、市场监管3个部门负责。

2014年，为更加突出市民关注的食品药品监管问题，对机构设置再次进行调整完善，深圳市市场和质量监督管理委员会应运而生，监管职能涵盖工商、质监、知识产权、食品药品监管等4大块20多个类别，最终形成了"大市场、大部门、大监管、大服务"格局，使深圳实现了食品药品从分段监管到全程监管,从分品种监管到综合监管,从外部协调到内部协调等质的转变,提高了管理效率。

5. 在加强社会管理和公共服务方面形成了新亮点

深圳将改善民生、加强社会管理和公共服务作为改革的一项重要任务。改革组建了人力资源和社会保障局,加强人力资源的统一管理,统筹就业和社会保障政策;组建了市住房和建设局,统筹负责住房保障建设和建筑市场管理;新组建文体旅游局,整合了文化、体育、旅游资源,促进文化、体育、旅游业的协调发展,发挥综合优势,有力提升城市文化内涵,增强文化软实力;组建应急管理办公室,探索构建大应急管理体系,统筹协调和指挥全市应急工作,提高政府处理突发应急事件的能力。

三、公务员管理制度的改革

"尚贤者,政之本也。"党的干部是党的事业的骨干。实现伟大复兴,需要一流干部。在2013年6月全国组织工作会议上,习近平总书记指出:"实现党的十八大确定的各项目标任务,进行具有许多新的历史特点的伟大斗争,关键在党,关键在人。关键在党,就要确保党在发展中国特色社会主义历史进程中始终成为坚强领导核心。关键在人,就要建设一支宏大的高素质干部队伍。"

习近平总书记在全国组织工作会议上还强调,我们党历来高度重视选贤任能,始终把选人用人作为关系党和人民事业的关键性、根本性问题来抓。好干部要做到信念坚定、为民服务、勤政务实、敢于担当、清正廉洁。党的干部必须坚定共产主义远大理想、真诚信仰马克思主义、矢志不渝为中国特色社会主义而奋斗,全心全意为人民服务,求真务实、真抓实干,坚持原则、认真负责,敬畏权力、慎用权力, 保持拒腐蚀、永不沾的政治本色, 创造出经得起实践、人民、历史检验的实绩。

(一) 深圳公务员管理制度改革概况

自2006年以来, 在国家部委和省厅的支持指导下, 深圳市认真探索公务员分类管理、聘任制和机关事业单位养老保险改革, 尝试对公务员管理的各个环节进行系统性改造。目前, 全市行政执法类公务员接近24000人, 约占全市行政机关公务员总数60%。

我国公务员长期实行"大一统"管理模式, 没有职位分类, 管理粗放, 对职位的专业要求和人员的培养、使用均无法实现精细化管理, 导致行政效率和服务质量不尽如人意。同时, 在单一的行政职务序列中, 公务员的薪酬福利待遇只能与行政级别挂钩, 职业发展导向极为单一, 大量公务员都去争挤"官道", 基层公务员队伍难以留住人才; 各类单位为增加领导职数而谋求机构升格或以各种理由分拆、增设机构的博弈行为已成为常态。此外, 机关事业单位退休与社会养老完全不接轨的制度, 强化了公务员"能上不能下、能进不能出"的诟病, 严重阻滞了人员的社会交流, 这些都给公务员管理带来不少难以破解的制度性困局。

作为全国最早建立公务员管理制度的地方政府, 深圳对这些问题的研究思考比较活跃, 也一直在积极寻求有效的解决路径。市委市政府于2006年启动公安系统专业化改革, 将公安系统公务员划分为警官、警员、警务技术三大职组并实施差异化管理, 对提升警察专业素质、规范警队日常管理、稳定警察队伍起到了积极作用。2006年《中华人民共和国公务员法》颁布实施, 提出了职位分类和职位聘任的全新管理理念。经国家公务员局批准, 深圳在总结以往经验的基础上开展了一系列相互关联的深层次改革, 对公务员管理制度和机制进行整体性、系统性的改造。一是全面开展以职位分类为基础,以精细化管理为导向的公务员分类管理改革,打破"大一统"模式,探索建立一套符合不同类别公务员职位特点的分类管理制度体系;二是对新进人员实施以合同管理为核心的聘任制改革,打破公务员身份的"铁饭碗",探索符合现代公共行政治理需要,更为灵活有效的机关用人新机制;三是对新进人员实施养老保险制度改革,破除养老"双轨制",建立既符合公务员管理需要,又与社会接轨的养老保险制度。

以2010年出台的《深圳市行政机关公务员分类管理改革实施方案》为标志,全市行政机关全面启动分类管理改革,对公务员队伍实施职位分类和精细化管理,主要内容有:

一是实施全新职位分类。根据《中华人民共和国公务员法》规定,按照职位性质、特点和管理需要,从现行的综合管理类公务员职位类别中逐步划分出行政执法类和专业技术类职位,形成综合管理、行政执法、专业技术三类职位。为便于操作和管理,将改革试点单位和部门的所有非领导职位统一划入行政执法或专业技术类。

二是建立独立职务序列。在综合管理类职务序列之外,建立与行政级别脱钩的行政执法和专业技术职务序列,均属非领导职务。行政执法类包括警员和执法员两个职务序列,其中,在公安和监狱戒毒机关设置警员职务序列,其他试点单位则统一设置执法员职务序列。专业技术类的职务序列根据职位的专业特点分别确定。各职务序列均只在较高职级实行职数管理,其他职级主要依据个人年功积累和工作业绩晋升职务,并与年度考核结果挂钩;职级设置不受机构规格限制,同一职类的公务员无论在哪一层级的部门工作,都有均等发展机会;专业技术类职务序列各职级任职条件需与专业技术能力挂钩。

三是试行薪级工资制度。按照"职务与职级并行"的思路，建立行政执法类、专业技术类公务员薪级工资制度，保障两类人员职业发展通道的独立性。基本做法是根据与现行公务员工资水平的一定比照关系，简化工资构成，将工资总额整合为薪级工资，对应两类人员的每个职级设置若干个薪级，年度考核称职以上等次的可在其职级对应的薪级范围内晋升一个薪级，住房、保健等福利待遇也与薪级挂钩，既提高了工资透明度，又创新了工资增长机制，解决了长期困扰基层公务员的"级别不提、工资不涨"的问题，同时淡化了福利待遇制度的"官本位"色彩。

四是分类实施精细管理。根据各类别职位特点，逐步开展分类招考、分类培训、分类考核，不断提升管理针对性和精细化程度。在分类招考上，职位资格条件、笔试科目、面试方式和面试题目均依据不同类别来确定，在坚持招考公平性的前提下大大提高考试的科学性。在分类培训上，根据各职类对公务员能力素质的要求，明确各自培训内容的侧重点，提高针对性、实效性。在分类考核上，明确了"跟谁比""比什么"，强化考核结果在行政执法类职务晋升中的作用，形成倒逼机制，促使各单位重视考核、科学考核。

聘任制改革的核心内容是实行合同管理，自2010年1月1日起，深圳规定新进入深圳行政机关的公务员实行聘任制。在聘期方面，统一规定首次聘任一般为3年，续聘的聘期一般为5年，连续聘满10年的可以签订无固定期限合同。在聘用管理方面，一方面明确了用人单位应当解聘和可以解聘公务员的情形，增强了聘任制公务员的职业危机感，提高了单位的人事管理自主权，丰富了公务员管理手段；另一方面规定了对聘期内年度考核和聘期考核都称职以上的公务员，用人单位应予续聘，增强了对勤勉尽职公务员职业稳定性的保障，同时还完善了仲裁、诉讼等权利救济机制，强化对合同双方合法权益的保障。在实施合同管理的同时,聘任制公务员与委任制公务员完全是同身份同待遇,都使用行政编制、财政负担工资福利,都严格按照公开招考、调任等规定途径进入,都按职位分为综合管理、行政执法和专业技术三大职类并实行职位管理,在岗位职责、招考程序、工资福利、职务晋升、考核奖惩、发展空间等具体的管理制度上没有差别。

聘任制的另一特点,是探索机关与社会养老“双轨制”问题的解决路径。深圳从2007年开始,对聘任制公务员探索实行“社会养老保险+职业年金”的新型养老保险制度。即聘任制公务员直接参加社会养老保险,同时政府每月为其缴交具有补充养老性质的职业年金。聘任制公务员退休时,除按规定享受社会基本养老保险待遇外,还可一次性或分次领取职业年金。聘任制公务员中途离开机关到企事业单位工作的,其社会基本养老保险和职业年金均可随之转移。职业年金还兼具奖惩激励和廉政保障功能,工作期间表现优秀、受到奖励的人可以获得额外的职业年金奖励,而受到处分或刑事处罚的人则将予以减缴甚至全额收回职业年金。

(二)改革成效

1. 公务员管理制度改革,变“千军万马挤独木桥”为“条条大路通罗马”,实现了各类人员分途发展

公务员的职业发展空间从原来的综合管理类一条通道变为综合管理、行政执法、专业技术三条独立通道,公务员职业规划由“独木桥”变为“多车道”,各类人员分途发展,尤其缓解了基层机关压职压级问题。例如公安系统实施分类改革前,由于只有行政职务一条通道,主任科员以下层级的人员占所有非领导职务人员的比例超过96%,其中科员和办事员占了60%,而副调研员以上职务的不足4%，且基本上都集中在市局或分局机关。改革后，公安警员序列实施主要凭年功和业绩"小步快走"的职业发展通道，90%以上公务员的薪酬待遇都有望在退休前达到相当于副调研员的水平，大大拓展了发展空间，稳定了基层队伍。

2. 公务员管理制度改革，变"粗放式管理"为"精细化管理"，提高了公务员管理科学化水平

在职位分类的基础上，通过对不同类别公务员实行差异化招考、考核、培训政策，改变了"招考一张卷""考核一把尺""培训一堂课""升迁一张梯"的大一统模式，提高了选人用人的针对性、实效性，加强了公务员队伍的专业化建设。

3. 公务员管理制度改革，变"谋官"为"做事"，提高了政府工作效率和质量

改革从制度上使不做"官"的公务员也有可预见的职业发展前景，打破了通过增加领导职数、提高机构规格来解决公务员晋升出路的路径依赖，促进单位"以事为本"科学设置机构和优化内部层级管理。改革过程中，许多单位主动削减领导职数或撤并机构，如市市场监管局主动申请取消了其分局所有副科级领导职数（100余个）。同时，分类管理明确划分指挥和执行体系，行政执法和专业技术职务各职级间没有上下级隶属关系，都不是"官"，没有指挥权，都要服从所在单位行政领导的指挥，从事具体工作，官、兵角色更明确、职权更清晰，减少了执行层级，释放了一线执行力量，提高了行政效能。

4. 公务员管理制度改革，变"铁饭碗"为"瓷饭碗"，提高了公务员队伍的生机与活力

合同管理在适度增加公务员职业危机感的同时也激发了其工作动力，提高了管理效能。聘任制体现了对个人就业选择权的尊重, 与委任制公务员同工同酬并有均等的晋升机会, 保障了聘任制公务员职业发展空间, 有利于吸引和激励公务员长期、勤勉地为政府服务。"社会基本养老保险+职业年金"的养老保障制度对公务员相关权益的保障比较充分, 降低了公务员"二次择业"成本, 有利于促进人才在机关和企业、事业单位间流动。

5. 公务员管理制度改革, 变"向上看"为"向下走", 稳定、充实和加强了基层公务员队伍

改革为基层公务员提供了与市直机关公务员大致相当的发展机会, 使其出路不再限于"挤机关"和"争官做", 只要尽职尽责做好本职工作, 在基层也有良好的职业发展, 为基层真正吸引和留住人才提供了有力的制度保障。例如市公安机关实施改革后, 基层和一线民警在全局警力中所占比例提高到93%, 实现了"人往基层走, 领导从基层出"的良好格局。

四、权责清单与行政审批制度改革

在处理好政府和市场关系的实践中, 行政审批制度改革就是一场刀刃向内的自我革命。党的十八大以来, 国务院各部门取消或下放行政审批事项618项; 取消中央指定地方实施行政审批事项283项。需中央政府层面核准的企业投资项目削减比例累计接近90%。工商登记前置审批事项中的87%, 改为后置审批或取消。在市场体系建设中建立公平竞争审查制度。"简政放权、放管结合、优化服务"的改革得到了有效落实。①

党的十八届三中全会审议通过的《中共中央关于全面深化改革

---

① 引领经济发展新常态——政论专题片《将改革进行到底》解说词（第二集）[N]. 人民日报, 2017-07-19（09）

若干重大问题的决定》指出，进一步简政放权，深化行政审批制度改革，最大限度减少中央政府对微观事务的管理，市场机制能有效调节的经济活动一律取消审批，对保留的行政审批事项要规范管理、提高效率；直接面向基层、量大面广、由地方管理更方便有效的经济社会事项，一律下放地方和基层管理。

党的十九届三中全会审议通过的《中共中央关于深化党和国家机构改革的决定》也指出，全面推行政府部门权责清单制度，实现权责清单同"三定"规定有机衔接，规范和约束履职行为，让权力在阳光下运行。

习近平总书记在《毫不动摇坚持我国基本经济制度　推动各种所有制经济健康发展》（2016年3月4日）的讲话中强调，要进一步清理、精简涉及民间投资管理的行政审批事项和涉企收费，规范中间环节、中介组织行为，减轻企业负担，降低企业成本。在参加十二届全国人大四次会议上海代表团审议时，习近平总书记强调要深化行政审批制度改革，推进简政放权，深化权力清单、责任清单管理，同时要强化事中事后监管。

建立权责清单制度规范政府权力，是推进政治体制改革的战略性举措，是全面深化改革的重要突破口，是保障经济社会持续健康科学发展的必然选择。它是公权力的一场深刻的自我革命。要使这场革命坚持到底、取得成效，并覆盖政府工作的全部领域，需要自觉坚持制度贯彻的若干原则，进一步理顺政府内部和外部关系，突破难点，建立一系列配套制度。

2014年3月，深圳市、区、街道三级全面启动清理行政职权、编制权责清单工作，总体上围绕"清权、减权、限权、晒权"要求，并将清单编制与推进简政放权相结合、与强化工作责任相结合、与理顺事权关系相结合、与规范办事流程相结合、与突出廉政风险防控相结合,努力形成边界清晰、分工合理、权责一致、运转高效、依法保障的政府职能体系。截至2015年6月18日,市级层面,纳入清理范围的32家市直部门共梳理出行政职权事项5326项,保留行政职权事项经审核确认后,已全部在市编办和各部门网站公布,现正将所有职权事项信息录入权责清单管理系统,进入网上办事大厅;区级层面,福田等8个区已向社会公布全部权责清单,龙华、大鹏新区已公布部分权责清单,6月底前可全部公布。编制权责清单工作成效初显:摸清了政府职权"家底",每个职权事项均以"两张表"(目录表、登记表)的形式列明;减少了政府对社会经济领域的直接干预,推进了政府职权"瘦身";明确了责任事项,规范了自由裁量权,强化了廉政风险控制,编织了权力的制度"笼子";全面公开晒权,强化了权力的社会监督。

权责清单进一步明确了政府权责,然而关键的步骤在于行政审批制度的改革。

1997年,深圳市在全国率先启动行政审批制度改革,至今已完成5轮较大规模的改革,第六轮改革正在推进中,大体可分为以下四个阶段。第一阶段:自1997年至2004年,开展第一、二轮改革,主要着力于减少行政审批项目。经过改革,行政审批和核准事项由1091项减至401项,减幅达63.2%。第二阶段:自2004年至2008年,开展了第三、四轮改革,主要着力于实现行政许可和非行政许可审批的规范化,除继续开展事项清理外,还颁布了《深圳市实施行政许可若干规定》和《深圳市非行政许可审批和登记若干规定》,在全国率先提出行政审批法定化,得到国务院审改部门的认可。第三阶段:自2008年至2011年,开展了第五轮改革,主要是逐步建立起常态化的行政审批改革制度,如成立了专门的行政审批管理处,负责市级审批事项动态管理和规范指导,重新梳理发布了事项目录;

结合大部门制改革,清理并减少审批事项194项,实现机构改革与审批制度改革同步。第四阶段:自2012年至今,即正在推进中的第六轮改革,主要是坚持市场导向,在继续压减行政审批事项数量的同时,全面规范和优化行政审批运行,将改革的关注点从静态事项拓展到动态运行,从源头管控拓展到后续监管,从清理转移拓展到配套制度建设,全方位统筹推进简政放权放管结合优化服务改革。截至2017年9月,市级行政审批事项为216项,较2012年的391项减少近45%,与全国其他大城市相比已较为精简。

深圳市行政审批制度改革虽已取得较好成效,一直走在全国前列,但在深化改革的过程中仍然遇到了一些困难和问题,向纵深推进的难度较大,改革空间有限。

例如,深化改革受到上位法的制约。深圳市现有保留的行政审批事项均有明确的法定依据,其设定权绝大多数在国家、省层面,要适应经济社会发展新要求,对其进行调整(包括取消、转移、下放、内容调整)均会与上位法冲突。法律、法规、规章的刚性规定已在一定程度上限制了深圳市率先自主实行简政放权改革,以致一些符合经济社会发展实际要求、方便企业群众的改革举措无法顺利推行。

例如,承接国务院下放职权事项的程序较复杂。根据国务院的批复,深圳市作为副省级城市、经济特区、计划单列市,享有省级经济管理权限。但是,国务院在下放职权事项时,一般是下放至省级政府实施,没有直接下放至深圳等计划单列市,许多本可以由深圳实施的事项,需要经由省级政府先承接、再下放。这种情况,一方面影响了深圳市在经济管理领域的自主权,不利于深圳市先行先试,在全省乃至全国的改革创新中发挥"发动机"的作用;另一方面程序较为复杂,省市之间协商沟通的行政成本较高,且由于事项没有及时下放，给企业、群众办事带来不便，与中央下放职权事项，发挥地方政府就近管理优势、提高行政效率的精神不尽相符。

五、互联网+政务服务的兴起

"互联网+政务服务"有着深刻的战略意涵，即采取"行政发展–发展行政"的战略组合推动政府自我革新，形成内外双向的驱动力，推动社会发展。为此需要优化政务服务，完善办事流程。需要创新服务方式，提高政府办事效率，提升透明度和可预期性。需要深入推进"互联网+政务服务"，加快政府信息系统互联互通，坚决打通"信息孤岛"，使更多事项在网上办理。[①]

一方面，"互联网+政务服务"是政府自觉引入时代信息，利用外部力量驱动自我变革的行为。信息通信技术具有开放、共享、去中介化的意向结构，非常适合运用于构建整体政府和加强协同治理。与传统电子政务自我驱动不同，"互联网+政务服务"从社会引入互联网技术、思维、资源，打破政府趋于稳定、保守的格局，并利用社会公众与政务服务的互动倒逼行政体制改革，实现政府随着社会大环境的变化而相应地调整改变和完善，加速现代政府建设。

另一方面，"互联网+政务服务"基于政府变革，为社会发展注入活力，提升国家整体竞争优势。互联网产业的强势发展，为中国各领域提供了基础设施、人才智力等方面的比较优势。"互联网+"则进一步将比较优势纳入到以创新驱动的竞争优势范畴。"互联网+政务服务"的提出，是构建政府领域竞争优势的重要抓手，政府通过向社会提供更多更好的政务服务，引导、推动、促进社会的发展进步，其实质是用"发展行政"的思路提升国家整体竞争优势。

---

① 肖捷.深入推进简政放权[N]. 人民日报，2018-04-23（07）

（一）深圳"互联网+政务服务"概况

2016年《中国"互联网+"指数》报告显示，深圳市以6.089的得分排名第二，位于北京之后、广州之前。而在"互联网+智慧城市"指数方面，深圳居榜首，其智慧城市人口渗透率为全国最高。2015年深圳新一代信息技术产业规模超过1.2万亿元，互联网普及率位居全国第一，4G覆盖密度居全国首位。并且，深圳连续5年，每年拿出5亿元设立新一代信息技术产业发展专项资金重点扶持创新提升，同时通过创建"宽带中国"示范市促进提速降费，发展互联网经济。深圳正构建支撑平台，推动大数据应用和数据开放，并加快基础设施建设，打造宽带中国示范市和国家一流信息港。2016年8月发布的《深圳市信息化发展"十三五"规划》提出，深圳将建成国家新型智慧城市标杆市，推进"互联网+"与经济社会各领域融合创新发展。深圳人将享受到智慧城市带来的各种便利。2020年，深圳将建成国际一流的信息基础设施，成为"一带一路"的重要信息通信节点和重要的国际信息港，建成国家新型智慧城市标杆市，信息化整体水平迈入国际先进行列。深圳固定宽带家庭普及率和重要公益性公共场所免费无线宽带覆盖率均要达到99%。

借助互联网+的优势，深圳深入推进互联网+政务服务。全面推进"一门式一网式"政府服务模式，依托实体办事大厅和网上办事大厅，建立"前台综合受理、后台分类审批、统一窗口出件"的服务模式，实现"一门在基层、服务在网上"。完成全市统一的申办受理平台和身份认证平台建设，并与部分区和部门完成对接运用；全市统一的电子证照库正按照省统一要求予以完善。便民服务水平不断提升。建成覆盖市区各单位、全市统一的政务信息资源共享平台，建成全市统一的人口、法人、空间地理等公共基础信息资源库，并实现了居民身份证号码、法人组织机构代码、房屋编码的"三码关联",为部门间业务协同联动、信息资源共享提供了有力支撑。

(二)典型案例

1. 网约车许可申办"互联网+政务服务"新模式

深圳网络预约出租汽车监管平台充分运用互联网思维和信息技术,以"四个替代"确保了网络预约出租车行政许可全流程互联网自动办理,实现"全网络、全自动、零现场、零费用"。

一是以互联网入口替代行政许可窗口。非现场办理情况下,申请主体资格的核认是基础。监管平台设计了三道程序对身份进行验证,首先由深圳金融电子结算中心对申办人信息与银行系统信息进行比对,比对通过后再由公安部门对申办人证照信息与公安人口库认证信息进行比对,最后通过市市场监管委对法人信息进行比对认证。通过"递进式"的实名认证,解决了自然人、法人与许可审批者在不见面的情况下,证明"我"就是我的问题。

二是以在线信息填报替代现场材料提交。全流程网上自动办理,材料的数据化是关键。市交通运输委推行"证件式"的信息填报,对许可申报必需的各项材料进行详细"解构",突破了传统行政审批验原件留复印件(扫描件)的要求,申请人只需按照要求,填写证件材料的主要信息,实现了申报材料的数据化,为系统自动审核做了铺垫。

三是以系统并联审核替代人工现场审核。跨部门的信息共享是全流程网上办理的核心。监管平台与各部门建立信息交互通道,通过智能分发系统将申办人信息分别推送至各部门系统进行自动审核,各部门再将审核结果反馈至监管平台,实现一网受理、跨部门联审,有效减少人为影响,实现审批人和申请人"零见面"。

四是以系统自动评判替代人工主观批准。自动式的许可审批是全流程网上办理的结果。主要表现在两个阶段，第一个阶段是申请人提交申请后，监管平台根据申报人填报信息进行形式审查，判定申报材料的完整性和符合性，自动决定予以受理或不予受理，不予受理的一次性告知原因；第二个阶段是监管平台根据各部门系统反馈审核结果综合评定，判定申报材料的完整性、真实性、符合性，程序的合法性，自动决定予以许可或不予许可。通过自动式的许可审批，确保标准统一、尺度一致，实现行政审批许可公平公正。

此外，由于网络预约出租汽车驾驶员证要求申请人必须通过从业资格考试，为了方便申请人，市交通运输委将从业资格考试系统统一纳入监管平台建设，实现申报—考试—取证无缝衔接。考生可通过监管平台自由选择考点和时间，预约进行考试。参加考试时，通过"智慧验证"（身份证自动识别）和"一人一卷"（座位随机、试卷组题随机、题目选项随机），保障考试公开、公平、公正。

2. 宝安区政务服务全区通办通取、服务永不打烊

一是实行100%网上申报、100%网上审批，办事流程从线下向线上跨越。不断拓展网上办事范围，积极推进"两个100%"建设，截至2017年，全区1060项审批服务事项均已实现100%网上申报、100%网上审批，其中区级部门事项714项、驻区单位事项346项；服务企业事项790项、服务个人事项270项。不断提高网上办事深度，全力推动全流程网上办理，2016年启动全国首个全口径手机办事大厅，截至2017年7月，28个部门692项事项可实现全流程网上办理，群众零次到现场；756项事项可以通过手机申请办理，办理结果免费邮寄至全国任一城市，实现"一机通宝安"。一年来，减少群众跑大厅9万人次，减少群众提供纸质材料14.5万件，真正做到让数据多跑路，让企业、群众少跑腿。

　　二是实行"通办通取"，业务办理从一窗向全区通办跨越。为解决街道政务服务中心忙闲不均的问题，为群众提供更加高效便捷的服务，区政务服务局联合10个街道、20多个职能部门梳理出230项"通办通取"事项，按照"电子预审、电子流转""电子预审、物理流转""本地审批、结果互认"三种模式定制通办流程，通过网上申报、窗口受理、后台流转和证照领取四个环节，构建起"多点受理、受办分离、线上审批、线下邮寄"的政务服务新模式。2017年7月起，10个街道230项政务服务事项已实现"通办通取"，辖区居民可就近选择任一街道办理业务，打破了原有的地域限制和信息资源界限，有效减少了群众办事成本。

　　三是开通24小时自助服务，服务时间从有限向无限跨越。为最大限度方便群众办事，宝安政务借鉴银行ATM自助机24小时全天候无间断服务理念，自主研发智慧政务自助服务终端，并于2017年7月在新安街道试运行行政审批24小时自助服务区。自助服务区摆放8台自助终端服务机，群众可全天候随时办理公安出入境、身份证申报及领用、交通罚款缴交、社保信息查询等88项业务，形成不需要窗口的全流程自助服务模式，填补了办公时间外的服务空白。

第三章　经济体制改革：新常态下
供给侧结构性改革先锋

一、新常态下的经济转型

习近平总书记指出，随着我国经济发展进入新常态，产能过剩化解、产业结构优化升级、创新驱动发展实现都需要一定的时间和空间，经济下行压力明显，保持较高增长速度难度不小。考虑到正向引导市场预期和留有一定余地，在综合各方面意见的基础上，中央提出经济保持中高速增长的目标。[①]

经济发展进入新常态，在增长速度不可避免换挡的同时，经济发展方式加快转变，经济结构不断优化，发展动力持续转换，改革开放释放出新的发展活力，良好发展态势可以保持。

习近平总书记强调，我们不仅要全面建成小康社会，而且要考虑更长远时期的发展要求，加快形成适应经济发展新常态的经济发展方式。这样，才能建成高质量的小康社会，才能为实现第二个

[①] 习近平. 关于《中共中央关于制定国民经济和社会发展第十三个五年规划的建议》的说明（2015年11月3日）

百年奋斗目标奠定更为牢靠的基础。[①]

　　在党的十八届五中全会第二次全体会议上，习近平总书记指出，我们党要带领13亿多人民全面建成小康社会，必须适应、把握、引领经济发展新常态，创新党领导经济社会发展的观念、体制、方式方法，提高党把握方向、谋划全局、提出战略、制定政策、推进改革的能力，为发展航船定好向、掌好舵。为此，要紧紧围绕使市场在资源配置中起决定性作用和更好发挥政府作用深化经济体制改革，加快形成引领经济发展新常态的体制机制和发展方式，加快推进有利于实现创新发展、协调发展、绿色发展、开放发展、共享发展的改革，加快推进有利于提高资源配置效率、提高发展质量和效益的改革，加快推进有利于充分调动各方面积极性的改革，加快推进有利于国家治理体系和治理能力现代化的改革。

　　在中央财经领导小组第十三次会议上，习近平总书记指出，推进供给侧结构性改革，要把握好三个基本要求。其一，根本目的是提高供给质量满足需要，使供给能力更好满足人民日益增长的物质文化需要，这是坚持以人民为中心发展思想的必然要求。其二，主攻方向是减少无效供给、扩大有效供给，提高供给结构对需求结构的适应性。当前重点是"三去一降一补"，五大任务相互关联、环环相扣。去产能、去库存，是为了调整供求关系、缓解工业品价格下行压力，也是为了企业去杠杆，既减少实体经济债务和利息负担，又在宏观上防范金融风险。降成本、补短板，是为了提高企业竞争力、改善企业发展外部条件、增加经济潜在增长能力。其三，本质属性是深化改革。供给侧结构性矛盾的原因是要素配置扭曲，是体制机制障碍。要推进国有企业改革，加快政府职能转变，深化价格、财税、

---

① 习近平. 以新的发展理念引领发展　夺取全面建成小康社会决胜阶段的伟大胜利（2015年10月29日）

金融、社保等领域基础性改革，为推进供给侧结构性改革创造条件。特别要强调的是，处置国有企业中的"僵尸企业"本身就是推进国有企业改革，就是国有经济战略性调整。中央企业要有担当，起带头作用，要在处置"僵尸企业"上取得实效。

二、产业转型升级之路

我国产业在全球产业链、价值链中的地位总体上处在中低端，科技对经济增长的贡献率还不高，与发达国家相差二三十个百分点，源头创新不足，科技成果转化渠道不畅，不少关键技术依赖进口。当今世界，新一轮科技革命和产业变革正在蓬勃兴起，我们只有加快科技创新和产业转型升级步伐，才能在激烈的国际竞争中赢得主动，才能加快推进现代化事业。这也迫切要求加快推进我国经济高质量发展。[1]

在党的十九大上，习近平总书记强调，必须坚持质量第一、效益优先，以供给侧结构性改革为主线，推动经济发展质量变革、效率变革、动力变革，提高全要素生产率，着力加快建设实体经济、科技创新、现代金融、人力资源协同发展的产业体系，着力构建市场机制有效、微观主体有活力、宏观调控有度的经济体制，不断增强我国经济创新力和竞争力。

习近平总书记还指出，要深化供给侧结构性改革，就要建设现代化经济体系，必须把发展经济的着力点放在实体经济上，把提高供给体系质量作为主攻方向，显著增强我国经济质量优势。加快建设制造强国，加快发展先进制造业，推动互联网、大数据、人工智

---

[1]　林兆木. 关于我国经济高质量发展的几点认识[N]. 人民日报，2018-01-17（07）

能和实体经济深度融合,在中高端消费、创新引领、绿色低碳、共享经济、现代供应链、人力资本服务等领域培育新增长点、形成新动能。支持传统产业优化升级,加快发展现代服务业,瞄准国际标准提高水平。促进我国产业迈向全球价值链中高端,培育若干世界级先进制造业集群。加强水利、铁路、公路、水运、航空、管道、电网、信息、物流等基础设施网络建设。坚持去产能、去库存、去杠杆、降成本、补短板,优化存量资源配置,扩大优质增量供给,实现供需动态平衡。激发和保护企业家精神,鼓励更多社会主体投身创新创业。建设知识型、技能型、创新型劳动者大军,弘扬劳模精神和工匠精神,营造劳动光荣的社会风尚和精益求精的敬业风气。

深圳的产业发展史是一部顺应经济发展规律、融入全球产业分工体系、不断进行产业转型升级的历史。从20世纪80年代大力发展"三来一补"加工业开始起步,到90年代着力打造以电子信息产业为龙头的高新技术产业,再到21世纪前10年初步构建起以高新技术产业、金融业、物流业、文化产业为支柱的现代产业体系,产业转型升级为深圳经济的蓬勃发展提供了强有力的支撑,创造了世界工业化、城市化和现代化发展史上的奇迹。

当前,世界经济正处于大变革大调整之中。全球经济增速放缓,原有发展模式面临挑战,科技领域孕育着重大突破,产业竞争日趋激烈、升级步伐不断加快,对我国经济结构调整形成了巨大压力和倒逼机制,同时也提供了新的发展机遇。

在新的历史时期,深圳作为国内率先发展地区,也较早地遇到了发展的瓶颈,各种矛盾问题交织汇集,资源环境压力日益凸显,适应科学发展的体制机制有待进一步完善。加快产业转型升级,着力构建以"高、新、软、优"为特征的现代产业体系,进一步增强产业核心竞争力,是突破发展瓶颈、拓展产业空间的必然选择,是提升经济发展的质量和效益、创造"深圳质量"的迫切要求，是加快转变经济发展方式、建设现代化国际化先进城市的重要任务。在产业转型升级中，注重四个结合：

一是产业升级与转移合作相结合。统筹规划、合理布局，在加快产业向高端升级的同时，充分发挥深圳和产业转移承接地的各自优势，有序引导生产环节转移，使重点产业转移承接地成为深圳产业链、经济体的有机组成部分。

二是城市更新与产业转型相结合。创新土地政策，加大政策扶持力度，积极推进城市更新改造，为产业发展腾出土地空间。以更高层次的产业形态加快城市更新步伐，提升城市发展质量。

三是技术创新与成果转化相结合。鼓励产学研资深度结合，完善技术创新成果迅速转化为现实生产力的体制机制，以创新培养内生增量，形成新的经济增长点，通过增量优化存量，迅速提升产业发展质量。

四是淘汰低端与引入高端相结合。通过淘汰低端落后企业，为引入高端重大项目腾出空间；通过高端重大项目的快速发展，形成高进低出、优胜劣汰的转型升级良性机制。

经过近年的产业转型升级，深圳已经形成了以科技创新为优势的经济结构体系。

（一）完善创新政策体系，营造良好供给环境

一是市委市政府在供给侧结构性改革上"三箭齐发"，推出科技创新（62条）、提升企业竞争力（37条）、人才优先发展（81条）"三个文件"，新增300亿元资金，在政策和资源供给上集中推出一批具有创新性、突破性的举措，力求破除制约创新的体制机制障碍，激发各类创新主体的积极性和创造性，为全面实施创新驱动发

展战略,加快建设更高水平的国家自主创新示范区和现代化国际化创新型城市,打造科技、产业创新中心提供政策保障和战略引领。其中,科技创新政策重点围绕激发创新主体的创新激情和创新活力主题,从制约科技创新发展的问题和瓶颈入手,在已有政策措施的基础上,提出满足我市各类创新主体创新实际需求的措施;企业竞争力政策围绕龙头企业、中小微企业等不同企业主体,结合各自发展重点和发展特点,提出系列措施,提升企业创新能力和核心竞争力;人才优先发展政策围绕深化人才发展体制机制改革,以全球视野,统筹开发各类人才资源,打造人才政策和制度的比较优势,力度更大、惠及面更广、公平性更强。

二是推进《深圳经济特区国家自主创新示范区条例》的立法工作。运用特区法规形式为科技创新领域的体制机制突破提供法律保障,着重围绕国务院对深圳建设国家自主创新示范区的批复意见,在科技体制改革、科技金融、新型科研机构、深港合作等方面进行法律制度上的设计和探索。

三是修订完善已有创新政策。修订《深圳市科学技术奖励办法》和《深圳市科学技术奖励办法实施细则》,提高市科技奖奖金,重奖获得国家、省科学技术奖励的单位和个人;修改《深圳市软科学研究项目管理办法》,适应行政审批制度改革需要,提升软科学项目的决策服务能力。

(二)改革科技创新体制机制,激发创新主体活力

一是完善科技业务专家评审机制。制定科技业务专家评审工作细则,进一步强化科技业务评审的科学性、合理性和公正性,实现专家评审工作规范化、程序化;制定科技计划项目验收实施办法,进一步规范我市科技计划项目管理,完善项目验收机制;优化

政府科技管理职能,邀请科技界专家作为科技顾问,为遴选与布局科技计划项目提供参考。

二是进一步扩大企业和企业家在政府创新决策中的话语权,充分发挥其在科技发展战略规划、科技计划布局、重大技术攻关选题等项目咨询、项目评审和项目验收等决策方面的作用;在科技计划项目布局、遴选及评审中,企业界专家比例达50%以上。

三是进一步规范科技项目评审流程,依托科技业务系统,实现业务主管人员与专家评审全过程"背靠背";完善科技评价与创新调查制度。

四是进一步完善科技管理系统,2012年以来财政资金资助的研发项目全部形成科技报告,加强对科技项目决策、实施、成果转化的后评估,为后来研究者提供参考和借鉴,对科技管理工作提供启示。

五是开展研发人员备案工作,建立创新调查制度,了解和掌握我市研发人员情况,经备案的研发人员将作为科技计划、科学技术奖励、人才政策支持、高新技术企业认定、研发费用加计扣除等重要参考,已备案12.8万名研发人员。

(三)优化科技计划布局,增强创新能力

一是实施财政科技投入结构改革。加大基础研究和技术攻关的投入力度,将财政科技资金50%以上投入基础研究、技术攻关项目和创新载体建设。2016年,组织实施1020个基础研究项目,资助金额6.8亿元;组织实施469个重大技术攻关项目,资助金额14.93亿元。

二是支持高等院校、科研机构自主布局科研项目,使科研立项与高等学校、科研机构重点发展领域相结合,推进高等学校、科研

院所科研发展。

三是深化科技投入方式改革。进一步充分发挥市场配置资源的决定性作用和更好地发挥政府的引导作用,实施无偿与有偿并行、事前与事后结合的多元投入方式。通过科技金融计划,引导、放大政府财政科技资金的杠杆作用。其中,银政企合作贴息项目累计入库917项,200多家入库企业获得合作银行贷款,授信额近50亿元,合作银行发放贷款总额近40亿元,政府贴息支持入库企业3000多万元,123家企业为首次获得银行贷款。完善科技创新券制度,以普惠性政策协调中小微企业和创客个人共享资源,向3262家企业发放创新券总额1.6亿元,累计入库217家科技创新券服务机构,兑换资金3581万元。

四是完善成果转化激励机制,制定《深圳市财政委员会关于科技成果许可、作价投资、转让和收益权有关问题的通知》《深圳市科技计划项目相关经费预算编制指引》,将财政资金支持形成的,不涉及国防、国家安全、国家利益、重大社会公共利益的科技成果使用、处置和收益权,下放给符合条件的项目承担单位;允许市属高等院校和科研机构将职务发明转让收益奖励科研负责人、骨干技术人员等重要贡献人员和团队的收益比例提高到70%以上;增强科技计划项目承担单位的自主权,项目资助资金不设置劳务费比例,人员绩效支出比例提高至资助金额50%;事后资助项目、股权投资项目资金不再限定具体用途,由承担单位自主用于研发活动,极大地激发了科研机构及企业的科技研发热情。

(四)进一步提升创新水平,提高创新体系技术含量

一是提升创新人才质量。加大力度实施海内外高层次人才团队引进计划,从每年5亿元专项资金增至10亿元。截至2016年10月,

累计引进海外高层次人才团队95个,其中我市孔雀团队76个,广东省珠江人才团队31个。在引进方式上改革创新,与高等院校、科研机构及其引进的团队设立项目公司,探索高等院校、科研机构科技成果转化机制,加快科研成果产业化,加速转变成实实在在的生产力,激发科研人员创新动力和活力。

二是布局重大创新载体。围绕产业布局,大规模建设创新载体。2016年,新增国家级创新载体14家,合计新增各级创新载体210家;累计建成创新载体1493家,其中国家级创新载体94家、省级创新载体165家、市级创新载体1234家。

三是实施国家高新技术企业培育计划。引导和支持企业加强技术研发能力,建立国家高新技术企业培育库,对符合条件、未获得国家认定的入库企业,予以连续三年的研发支持,培养扩大科技型企业规模。2016年有2083家企业入库。

四是支持企业建立研发准备金制度,对其按规定支出,符合加计扣除政策,且属于《国家重点支持的高新技术领域》的研发项目,按上年度研发实际支出,予以一定资助。截至2016年10月底,共受理2748家企业,申报2015年研发费用支出达328.72亿元。

五是落实国家税收优惠政策。落实国家修订的高新技术企业认定政策,让更多中小企业成为高新技术企业,享受相关扶持政策。2016年新增国家高新技术2513家,国家级高新技术企业总数达到8037家。落实研发费用税前加计扣除政策,2016年,2785家企业享受了356.32亿元研发费用加计扣除额,减税83.52亿元。

(五)强化科技创新的对外合作

放宽深港创新圈涉及的非企业人员赴港限制,经省公安厅批准,自2016年3月1日起,市公安局出入境管理部门为深港创新圈涉及的港大医院、深圳（区级以上）公立医院、香港高等院校在深圳设立的研究院、深圳高等院校、科研机构、智库等非企业机构深圳户籍的从业人员办理香港一年多次其他签注，促进深港两地科研人员科技交流与合作。支持国有企业、行业龙头企业在境外建设科技企业孵化器，加速境外战略布局，在海外建设科技园区、孵化器等创新基地。配合推进"深港通"试点，"深港通"开通标志着深港两地资本市场互联互通，为推进深港国际金融中心建设奠定了坚实的基础。

（六）优化综合创新生态体系

一是强化知识产权保护和运用，制定了《深圳市促进科技创新知识产权保护专项资金资助操作规程（暂行）》《深圳市知识产权服务平台建设资助操作规程》《深圳市知识产权质押贷款坏账补偿操作规程》《深圳市发明专利奖励操作规程（暂行）》等操作规程。制定《深圳市工业及其他产业用地供应管理办法》，优先保障科技企业孵化器、众创空间、重大产业项目以及高等院校、科研机构用地需求。

二是鼓励龙头骨干企业建设众创空间，对深圳市赛格创业汇有限公司创客空间、深圳华强北国际创客中心有限公司华强北国际创客中心、富泰华工业（深圳）有限公司富士康科技集团"云之咖啡"创客大本营等创客空间予以资助。强化金融对科技创新的服务支持。截至2016年2月末，深圳已设有1家总行科技金融服务中心，15家科技支行，辖区内银行业金融机构对深圳科技创新创业企业贷款户数3030家，贷款额2673.69亿元，同比增长17.25%。

三是积极推动QFLP（外商投资股权投资企业）试点工作，市金融办对QFLP相关政策做了修订，引导境外资金积极投入我市科技创新企业,拓宽企业融资渠道等。2016年,深圳市新增外商投资股权投资管理企业25家,新增外商投资股权投资基金企业6家,累计吸引评审通过118家外商投资股权投资管理企业,20家基金企业合计注册资本(认缴资本)达270.5亿元人民币,行业规模稳步扩大。

三、超大城市的土地管理

党的十八大以来,中央对土地改革进行总体部署并提出了总体思路和一系列改革要求,主要围绕健全城乡发展一体化体制机制目标,以建立城乡统一的建设用地市场为方向,以夯实农村集体土地权能为基础,以建立兼顾国家、集体、个人的土地增值收益分配机制为关键,以维护农民土地权益、保障农民公平分享土地增值收益为目的,发挥法律引领和推动作用,着力政策和制度创新,为改革完善农村土地制度,立足建立适应新常态的土地管理制度体系,积极推动城乡的均衡、协同发展。改革的主要任务包括几个方面:

一是建立城乡统一的建设用地市场。《中共中央关于全面深化改革若干重大问题的决定》提出,加快土地管理制度改革,"建立城乡统一的建设用地市场。在符合规划和用途管制的前提下,允许农村集体经营性建设用地出让、租赁、入股,实行与国有土地同等入市、同权同价"。这一改革的核心在于城乡统一的市场制度建设,也就是说农村集体经营性建设用地可以与国有建设用地以平等的地位进入市场,可以在更多的市场主体间、在更宽的范围内、在更广的用途中进行市场交易。

二是赋予农民更多的土地财产权。现行土地管理制度相关法律法规规定,允许农民对承包地占有、使用、收益和流转。在此基础上进一步稳定农村土地承包关系并保持长久不变,在坚持和完善最严格的耕地保护制度前提下，赋予农民对承包地占有、使用、收益、流转及承包经营权抵押、担保权能。在落实农村土地集体所有权的基础上，稳定农户承包权、放活土地经营权，允许承包土地的经营权向金融机构抵押融资。

三是深化征地制度改革。缩小征地范围，进一步界定公益性和经营性的范畴，规范征地程序，完善对被征地农民合理、规范、多元保障机制。具体而言在于修订有关法律法规，提高农民在土地增值收益中的分配比例，改变对被征地农民的补偿办法。因地制宜采取留地安置、补偿等多种方式，确保被征地农民长期受益。提高森林植被恢复费征收标准。健全征地争议调处裁决机制，保障被征地农民的知情权、参与权、申诉权、监督权。

四是推动土地产权制度。明确各类土地的财产权，界定土地使用主体的权利范围，使土地流转在法律上得到保障，如果产权不明确，市场机制就无法正常运作，土地产权制度也日益成为近年来各地方政府部署的重点工作内容，为进一步推进土地各项改革打基础。

（一）深圳土地管理制度改革概况

作为改革先行地、试验田，深圳在全国土地改革格局中一直发挥着重要作用。2012年国土资源部、广东省政府联合批复《深圳市土地管理制度改革总体方案》。根据总体方案，深圳按照"严格审批、局部试点、封闭运行、风险可控"的要求，坚持"产权明晰、市场配置、节约集约、科学调控"的原则，总体上明确改革的目标和任务，从着力解决现实的主要矛盾入手，积极、稳步地推进各项改革任务的实施。

从近年来深圳推进土地管理制度改革的实际情况来看，深圳的土地改革主要是紧紧围绕国家提出的使"市场在土地资源配置中起决定性作用"和更好地发挥政府作用的新要求，应对深圳面临土地资源极为紧缺的严峻形势，以存量土地循环高效利用为重点，在国有土地产权制度、土地市场化建设、土地二次开发利用机制、土地用途管制制度、生态空间管理制度等改革攻坚的关键领域进行大胆的探索和实践。在深入系统顶层设计和完善改革体制机制创新，进一步深化土地管理制度改革的同时，在推进改革的过程中还不断强化"自下而上"基层首创的重要意义，希望从顶层设计和基层首创两个方面综合发力，力争能够取得实质性突破。

从国家、广东省联合批复的土地管理制度改革方案中具体改革任务来看，有的是国家希望深圳先行先试、率先探索的工作任务，但更多的改革任务是深圳应对自身发展迫切需要解决的问题所提出的改革课题，力求通过改革突破体制机制障碍，适应并引领深圳城市转型发展，支撑深圳长远、健康、可持续的发展。归纳起来，深圳本轮土地改革的主攻方向包括五个方面：

1. 分类、分区、分步明晰产权，完善土地产权制度

按照完善社会主义市场经济体制的要求，健全国有土地权利体系，分类研究制定国有土地产权管理政策，以土地总登记为平台，分步、分区、分类试点开展确权工作，依法保护土地权利人合法权益。推进《深圳市人民代表大会常务委员会关于农村城市化历史遗留违法建筑处理的决定》配套实施稳健出台，指导了原农村城市化历史遗留违法建筑处理试点开展确权工作，总结经验，探索原农村土地确权路径。另外，探索建立不动产统一登记制度，研究成立了深圳市不动产籍管理和测绘局，为全面统筹并推进全市不动产籍管理和登记工作奠定了扎实基础。

2. 完善土地市场运行机制，深化土地资源市场配置

充分发挥市场机制在土地资源配置中的基础性作用，2013年1

月，探索适应城市发展转型和产业结构优化升级的差别化土地供应政策，推进"1+6"文件的实施；2013年4月，创新国有土地供应方式，立足满足公益性项目投融资的需求，探索土地作价出资等土地有偿使用方式；2015年5月，出台了《关于促进安居型商品房用地供应的暂行规定》和《深圳市机构养老设施用地供应暂行办法》。这些改革探索为实现不同权利主体土地的同价同权，以市场化方式提高重大产业项目、公共设施用地配置效率开辟了新路，这些实践对于建立全国城乡统一的建设用地市场具有借鉴意义。

3. 完善二次开发利用机制，促进土地节约集约利用

落实土地集约优先的要求，推进城市存量土地二次开发利用，加强在补偿标准、历史遗留问题处理等方面的政策创新和统筹，探索建立规划控制、收益共享、运作高效的土地二次开发利用机制。同时，筹划并积极推进《深圳经济特区城市更新条例》制定，合理调整城市项目结构，规范旧住宅区更新改造工作，提高旧工业区综合整治比例，实现城市更新科学性和可持续性。以市政府发布施行的《深圳市房屋征收与补偿实施办法（试行）》为基础，以坪山新区（现坪山区）整村统筹土地整备项目试点为契机，建立健全土地整备政策体系和执行机制，规范土地整备项目资金管理，进一步加强对全市土地整备工作的指导和监督。

4. 加强生态空间管理制度创新，协调保护与发展的矛盾

在生态保护方面，进一步加强了基本控制线管理能力，出台了《深圳市人民政府关于进一步规范基本生态控制线管理的实施意见》，进一步增强了管制力度，同时将基本生态控制线管理制度提升至我市生态文明基本空间制度的高度，并探索以市场化方式实现生态保护与社区转型发展共赢的新路径，同时，积极推动南山区水源三村、宝安区黄麻布社区两项生态用地保护改革试点，探索生态

空间保护多元模式,充分协调保护与发展的矛盾。

5. 优化管理职能,提升服务的行政效能

以提升行政效率和管理服务水平为目标,积极推进行政审批制度改革工作,全面梳理事权范围,优化职能体系,下放审批权限,简化审批环节,推进并联审批和跨部门工作的领导负责制,优化重大项目跟踪服务机制,加快推进政府职能转变。

总体而言,土地制度改革的核心理念是以权利保障为中心,将土地通过市场进行配置,根本目标则是建立原农村集体土地和国有土地权利平等、市场统一、增值收益公平共享的土地制度。这就要求构建平等进入、公平交易的土地市场,在规划和用途管制下,允许农村集体土地与国有土地平等进入非农用地市场,有效激活各类集体土地为深圳的城市发展转型提供有效支撑。

围绕《深圳市土地管理制度改革总体方案》确定的改革目标及改革思路,深圳以土地产权明晰为核心,以市场化为导向,创新土地利益共享机制为驱动力,从这三个关键点推动改革,深圳在诸多领域开展了一些卓有成效的改革实践,一定程度上解决了深圳当下的一些迫切问题,也为改革的进一步深入推进积累了经验。

(二)深圳土地管理制度改革重点

1. 稳步推进国有土地产权制度改革

(1)推进原农村土地权益重构研究和试点。以"归属清晰、权责明确、保护严格、流转顺畅"为核心,以着力解决严重影响城市规划的历史遗留问题为目标,积极探索运用市场化手段和利益共享的方式来综合解决城市化土地历史遗留问题和存量土地开发的联动实施路径,协调并解决好城市发达片区和欠发达片区的发展差异和矛盾,切实保障不同主体在深度城市化过程中利益的公平分享,这条路径的提出既着眼于当下，又立足长远，希望以"骨头"＋"肉"挂钩方式解决两难困局，彻底明晰产权，既解决城市化历史遗留问题，又解决了城市规划实施的要求。

（2）推进农村城市化历史遗留违法建筑处理试点实践。城市化历史遗留违法建筑涉及数量巨大、主体成分复杂、波及面广、问题交织存在，开展试点工作可以有效降低政策的运行风险，并且通过试点还可以逐步积累政策的处理经验，为进一步完善政策提供实践的支撑。自《〈深圳市人民代表大会常务委员会关于农村城市化历史遗留违法建筑的处理决定〉试点实施办法》2014年施行以来，深圳主要结合城市更新、土地整备、重点发展区域处理历史遗留违法建筑需求和股份合作公司试点改革要求，遴选试点区域，全面开展农村城市化历史遗留违法建筑处理试点工作。从试点的效果来看不及预期，历史遗留违法建筑作为快速城市化遗留下来的大问题积重难返，但深圳必须要面对，尤其是在新的发展时点上必须直面要解决的问题。从市委市政府的部署来看，深圳正花大力气准备全面解决这一问题。

（3）出台《关于征地安置补偿和土地置换的若干规定（试行）》。这一政策的出台是进一步妥善处理深圳高度城市化进程中征地历史遗留问题处理和收地补偿工作的重要部署，它特别强调应当坚持以货币补偿为主，以土地安置和土地置换为辅，以等价值补偿为基本原则。严格限定了土地安置、土地置换的情形，强化了土地安置、土地置换与原农村集体经济组织建成区的建设及城市更新等问题的依法统筹处理。这一政策的出台酝酿了较长的时间，这从一定程度上说明了它的重要性，它是对过去30多年来深圳城市化历史问题一次较为全面的回应。从整体效果上来看，它的出台一方面使原村民能合理、合规地分享城市发展成果；另一方面，也进一步满足城市发展的土地和空间需求,实现国家、集体和个人利益共享机制,还有在加强土地管理、依法行政和法治政府建设上意义重大。

2. 进一步强化土地市场化建设

（1）凤凰社区"农地"入市。凤凰社区"农地"入市这一做法解决了原本属于城市化过程中权属不清、手续不全的历史遗留用地的问题。通过该政策创新得以入市交易,为全国实现土地同价同权、建设城乡统一建设用地市场提供了有益的尝试。具体体现在以下这四个方面:一是"农地"入市,改变了以往"凡集体土地必须征用,唯国有土地才能出让"的传统模式;二是利益共享,用地出让收益将按照相应比例由政府和原村集体分配,在利益分享方式上灵活采取现金、物业、股权等多样的分成方式,实现社区股份公司、企业、政府三赢;三是产业落地,实现了有需求的企业与原农村集体建设用地的对接,成功盘活了"政府拿不走、社区用不好、市场难作为"的历史遗留用地,增强了产业空间的供给能力;四是社区转型,引导社区从以往低水平的卖地、租地向股权分红转变,推动了社区集体股份公司由"地主"向"资本家"转变,既有利于推动社区经济转型,又更有利于社区融入城市,实现原村民"人的城市化"。

客观来看,凤凰社区的"农地"入市示范意义大于实践,它是对国家当前推行的"同价同权、同等入市"政策的重要响应,开辟了不同权利主体土地的同价同权、同等入市的新路,对于建立全国城乡统一的建设用地市场具有借鉴意义,另外对于提升城市的整体活力具有非常大的作用。

（2）进一步拓宽原农村集体经营性建设用地入市交易范围。在总结凤凰社区"农地"入市经验基础之上,对于符合规划的原农村集体经营性建设用地入市,试点解决安居型商品房、养老院、中小学、医院等民生领域用地问题。从改革推进情况来看,《关于促进安居型商品房用地供应暂行规定》《深圳市养老服务设施用地供应暂行办法》两项新政陆续出台。这些改革,一方面在保障和改善民生项目上走出了一条市场化配置的新路子;另一方面,也为现有部分存量土地在规划等条件符合的基础上,激活了沉睡的土地资源,有效拓展出一条土地供应的路子,切实保障土地的有效供应。还需要特别强调的是,两项政策均针对原农村集体经济组织,为尚未进行开发建设的土地提出了利益共享的思路,进一步保障了原农村集体参与城市化、分享城市化利益。

这一改革探索是在凤凰社区农地入市之后,又一"微创式"的创新实践。这一做法进一步拓宽了深圳市土地资源供地的来源,并且不仅限于产业发展需求,从准公益性的配套提升上也逐步清晰化,同时也进一步确立了深圳立足充分发挥市场配置资源的基本导向。

(3)推进前海差别化土地供应,完善土地市场配置规则。前海合作区是深圳推进土地管理制度改革的综合试点之一,应重点探索和完善差别化土地供应政策、土地节约集约利用机制和土地收益分配调节机制等。前海承载"一带一路"倡议、自贸区、深港合作等国家使命,近几年来受政策叠加效应的影响,片区内及周边产业空间的"地产化"趋势明显,地价、房价、租金走高,这给前海的产业导入带来巨大压力,企业的营商成本攀高。因此,进一步加强房地产调控成为前海土地和房地产管理的重要内容,差别化土地供应需求和作用日益明显。

从跟踪前海的实际情况来看,前海在过去的几年中探索了街坊小地块的出让模式,并大力推行1.5级开发,成为全国争相学习的典范,尝试了公告出让、作价出资等出让方式,集中成片开发也正在研究中。总的来看,前海的开发建设正在如火如荼地进行,将会逐步呈现一个全新的"中国曼哈顿"。

3. 积极推动土地二次开发利用机制创新改革

（1）城市更新。一是稳步推进城市更新体制机制完善。2009年，《深圳市城市更新办法》以行政规章的形式予以确立。近年来，随着城市更新工作的不断推进，围绕城市更新的体制机制不断逐步建立和完善，这主要体现在城市更新的规划、计划、土地建筑物核查、实施主体确认、用地审批等多个环节的工作机制日渐完善，地价评估也创新性地提出了以摇号选定评估机构进行综合测算的新路子，城市更新专项规划的编制和审批技术要求也更为科学，逐步减少人为因素的影响，保障了公平性、客观性。总的看来，城市更新的体制机制建设已逐步建立并完善，形成了一套行之有效的规范，其对政府、市场、权利人等均从不同层面上进行了行为规范，有效释放了深圳市的存量土地，为深圳的转型发展和配套提升发挥巨大作用。

二是着力历史用地处置的突破。具体而言，城市更新历史用地处置是特殊历史问题的特别解决方法，是特殊时期创新解决历史问题的独特方式，能顺利出台有其"天时"和"地利"的客观有利条件，当然广东省"三旧"改造的利好政策窗口也提供了相当的支撑，而且从总体操作上看其程序正义、产权合法化、利益分配公平性均有所体现，让原农村的利益得以显化，更重要的是这种以市场为导向的解决方式给其他领域的改革作出了很好的示范。还有一个特别要提及的是，虽然通过统征和统转，深圳全市土地全部已经国有化，但是有相当一部分土地并没有实现真正意义上的国有化，名义上土地所有权国有，事实上由原农村集体占有。这也是我们这次赋予历史用地的又一特殊内涵，即未完善征转手续用地，希望借此彻底解决土地的遗留问题。从执行几年的效果来看，这一政策的出台解决了更新项目范围内产权不清晰的问题，一定程度上消化了历史问题，与此同时还有效解决了长期制约城市更新项目难以推进的现实，提升了城市更新的实施效率。

三是推动城市更新条例的制定。城市更新经过多年的运作和实践，已经建立起了包含政府规章、制度建设、操作指引、技术标准等多个层次的支撑体系，随着城市更新工作的不断推进，城市更新上升为地方立法层面的需求日趋强烈，在此背景下，深圳正在着手《深圳市城市更新条例》的制定工作，希望上升至地方法律层面。从目前了解的情况来看该政策维持了之前建立的"政府引导，以市场化运作为主，充分发挥资源市场化配置作用"主导机制，同时在拆迁补偿标准上初步提出了满足一定的拆除比例条件情况下可作为设定强制执行的前提。随着城市更新法制化建设的不断深入，可以预见倘若这一政策在未来几年内如果能真正实现落地，将进一步化解当前城市更新"拆不动、赔不起、玩不转"的现实困境，有效解决制约城市更新的根本问题。

（2）土地整备。一是项目土地整备。项目土地整备是传统的按照公共利益的需要实施的土地整备，应该说是土地整备实施收储的常规套路，其主要执行依据是国家的《国有土地上房屋征收与补偿条例》和深圳的《深圳市房屋征收与补偿实施办法（试行）》。《深圳市房屋征收与补偿实施办法（试行）》已于2013年5月1日起实施，原《深圳市公共基础设施建设项目房屋拆迁管理办法》已经废止。这一政策是紧跟国家的政策导向而出台的，也进一步结合深圳的实际情况，针对性地提出了深圳基于公共利益需要实施房屋征收的具体操作要求和办法，从近年来实施的情况来看，项目土地整备的推动在满足公益性建设需求方面提供了很大的支撑。

二是整村统筹土地整备。坪山是当时深圳土地管理制度改革要求的两个综合试点之一，整村统筹土地整备也正是坪山在历经多年的探索实践基础之上所提炼总结的土地整备创新模式,这种改革充分体现了基层首创精神,它重点在于在总结"整村统筹"土地整备模式经验基础上,探索建立整村统筹和片区统筹土地整备利益共享机制,通过建立"底线"和"基准线",发挥政府和市场作用,推动实现利益合理分配。从跟踪了解的情况来看,根据坪山经验总结提炼而成的《土地整备利益统筹试点项目管理办法(试行)》于2015年印发,该办法对位于原特区外的土地整备试点项目按照整村统筹和片区统筹两类模式推进,同时加强规划、土地、资金的政策整体统筹,主要通过拨付土地整备资金、留用土地、收益分成、物业返还等方式,实现政府、原农村集体经济组织继受单位及相关权益人等多方利益统筹。该改革探索丰富了征收补偿方式,实现了原用途补偿向公平补偿的转变,政府主导补偿向协商补偿的转变,对于国家征地制度改革具有借鉴意义。2018年4月,深圳市规划国土委坪山管理局就南布社区商业留用土地出让事宜与深圳南布股份合作公司签订了《深圳市土地使用权出让合同书》,深圳市首例整村统筹试点项目正式迈入建设实施阶段。2018年8月,《深圳市土地整备利益统筹项目管理办法》正式公布。

4. 切实加强生态空间的精细化管理

(1)推进深圳市生态控制线的分级分类管理。按照生态保护与城市发展相协调的原则,深圳尝试建立针对不同类型的生态单元进行不同的功能定位和差异化管理,简单来说就是希望通过对生态线内划分管制分区,科学合理制定分区管制措施和保护要求,以求减少道路交通设施和市政设施对生态的破坏和碎片化。对于不得不落在生态控制线内的城市道路、重大基础设施等建设项目,制定差异化的建设控制标准。

生态控制线已划定十多年,它是深圳生态安全的生命线,粗放的管理模式已不适应生态控制线的管理模式，进一步推进生态控制线的分级分类管理是深圳发展到当前阶段的必然选择，也就是说只有保障了生态控制线的安全才能保障城市的生态安全，才能保证深圳的长期可持续、健康发展。

（2）推进生态社区的改革试点。基本生态控制线划定之初采用"一刀切"的方式给诸多的社区发展带来了很大的制约，如何探索出以市场化方式实现生态保护与社区转型发展共赢的新路径是解决问题的关键，沿着这条主线，生态社区的改革选取了南山区水源三村、宝安区黄麻布社区两个社区开展生态用地保护改革试点，探索生态用地多元化保护模式。其中，水源三村在重点研究利益方核心诉求、优势资源和战略价值的基础上，基本确定了片区发展思路，从生态保护、土地产权和社区发展三个方面提出了综合策略；黄麻布社区则是以基本生态控制线优化调整为契机，开展建设用地清退与新增建设用地挂钩机制的探索，将捆绑土地清退和空间规划的建议在全市基本生态控制线方案中予以落实。另外在分级分类、差异管控，对生态线内进行空间分区，制定差异化且更精细化的管理措施等方面也开展了相关研究。2016年11月，华侨城集团与深圳市南山区政府签订"西丽水源三村保护与发展"项目战略合作框架协议。2017年，万科集团已对黄麻布片区进行统筹规划。

5. 有序推动其他改革事项

（1）"大科室"。"大科室"综合试点改革并不是简单地整合职能、精简机构，而是一次系统性、综合性的行政管理制度改革。通过这次改革形成了两种试点模式：一种是在光明、坪山管理局按业务板块大整合设置科室的模式，突出大规划、大土地、大更新等；另外一种是在龙华管理局按服务对象设置科室的模式，把服务对象分为政府投资项目、社会投资项目和基层社区发展项目等，并为服务对象提供全流程、"一站式"服务。从服务对象的需求出发来进行改革，无论是光明、坪山管理局的业务整合模式，还是龙华管理局的按服务对象设置科室的模式，其实质都是把方便群众、方便服务对象作为行政改革的首要目标。这一改革非常契合国家简政放权的要求，进一步提升了服务型政府的服务能力和效率，也为后续的行政体制改革提供了宝贵的经验。

（2）城市更新权限下放。深圳最早建成的罗湖区成为全市首个城市更新改革试点区，主要是由于罗湖规划先天不足，缺乏前瞻性，同时城市更新又存在巨大需求，这些使得罗湖区成为此次城市更新的试点对象。2015年，《深圳市人民政府关于在罗湖区开展城市更新工作改革试点的决定》出台，明确了相关改革试点的要求，与此同时《罗湖区人民政府贯彻〈深圳市人民政府关于在罗湖区开展城市更新工作改革试点的决定〉的实施意见》公布。从这次具体的审批权限调整情况来看，原由市规划国土委及其派出机构行使的涉及罗湖区城市更新项目的行政审批、行政确认、行政服务、行政处罚、行政检查等重要职权，都调整至罗湖区行使。属于法律、法规规定市规划国土委及其派出机构行使的职权，由市规划国土委及其派出机构委托罗湖区城市更新机构行使。

总体来看，这次涉及城市更新的改革职能权限的调整相当具体，改革的力度也比较大，可以预见的是这将为全面推动罗湖区的城市更新工作提供极大的支撑作用，为其他各区城市更新权能释放提供样板，同时也为其他各项事项的简政放权提供示范。

（3）社区规划师制度。社区规划师制度的提出，有效解决了社区与政府部门之间的联系问题。社区规划师在全市部分社区主要按"一对一"方式提供服务，在走进社区的过程中起到桥梁的作用，既充当了城市规划辅导员的角色，又能把社区群众的要求反馈到规划部门，为群众排忧解难，为规划的落地献计献策，成为密切联系群众的桥梁和纽带。社区规划师制度成为深圳有特色的一项政府服务职能，从推进效果来看，密切联系了基层群众，向转型中的社区提供帮助，为切实解决社区转型问题提供了畅通的"一站式"沟通渠道，对于促进社区的转型发展，实现粗放型经营向企业化的深度转变，促进社区进一步融入深圳的发展潮流发挥了作用。

四、国企改革

中央全面深化改革委员会第二次会议强调，加强国有企业资产负债约束，是落实党的十九大精神，推动国有企业降杠杆、防范化解国有企业债务风险的重要举措。要坚持全覆盖与分类管理相结合，完善内部治理与强化外部约束相结合，通过建立和完善国有企业资产负债约束机制，强化监督管理，做到标本兼治，促使高负债国有企业资产负债率尽快回归合理水平。

要加强中央企业领导人员管理，要坚持党管干部原则，坚持发挥市场机制作用，坚持德才兼备、以德为先，坚持严管和厚爱结合、激励和约束并重，完善适应中国特色现代国有企业制度要求和市场竞争需要的选人用人机制，建设对党忠诚、勇于创新、治企有方、兴企有为、清正廉洁的中央企业领导人员队伍。

习近平总书记在中央财经领导小组第十三次会议上的讲话强调，处置国有企业中的"僵尸企业"本身就是推进国有企业改革，就是国有经济战略性调整。中央企业要有担当，起带头作用，要在处置"僵尸企业"上取得实效。

党的十九大报告也指出，要深化国有企业改革，发展混合所有制经济，培育具有全球竞争力的世界一流企业。

十九大报告还指出，要完善各类国有资产管理体制，改革国有资本授权经营体制，加快国有经济布局优化、结构调整、战略性重组，促进国有资产保值增值，推动国有资本做强做优做大，有效防止国有资产流失。深化国有企业改革，发展混合所有制经济，培育具有全球竞争力的世界一流企业。

截至2016年4月，深圳市国资委直接监管企业22家，直接、间接控股上市公司24家。市属国有经济形成了以下四个鲜明特点：一是质量效益比较高。深圳市属国企规模和效益在全国城市中一直处于较高水平，市属国企资产总额排名全国第17位，但利润总额排名第五位，总资产利润率和成本费用利润率均排名全国第一位。二是资产布局比较合理。国有资本按照"有进有退，有所为有所不为"的方针，更多地集中到以基础设施公用事业为主体、金融准金融和战略性新兴产业为两翼的"一体两翼"特色产业体系中。三是能发挥独特优势。市属国有经济在完善城市功能、促进和带动全市经济社会发展、改善居民生活等方面发挥了不可替代的作用。目前，市属国企承担了全市100%的管道气供应，几乎全部的供水业务和原特区内全部的污水处理，全市近50%的集装箱吞吐量，70%左右的公共交通服务，60%以上的高速公路服务和储备粮任务；在发展高新技术、金融、物流、文化等支柱产业中发挥了积极的引导扶持作用；在建立和完善国有资产监督管理体制和机制等方面大胆实践，充分发挥了特区国企试验田的作用。四是企业竞争力较强。燃气、水务、能源、机场、盐田港、粮食、农产品等市属国企进入全国同行业前列，创新投、国信证券、高新投、担保集团、建科院均处于行业领先地位，振业、免税、深圳国际等一批企业净资产收益率达到或超过行业优秀值。

（一）以管资本为主完善国资监管运营

党的十八届三中全会提出，要完善国有资产管理体制，以管资本为主加强国有资产监管，改革国有资本授权经营体制；国有资本投资运营要服务于国家战略目标，更多投向关系国家安全、国民经济命脉的重要行业和关键领域，重点提供公共服务、发展重要前瞻性战略性产业、保护生态环境、支持科技进步、保障国家安全；划转部分国有资本充实社会保障基金；提高国有资本收益上缴公共财政比例，更多用于保障和改善民生。

习近平总书记参加十二届全国人大二次会议安徽代表团审议时表示，发展混合所有制经济，基本政策已明确，关键是细则，成败也在细则；要吸取过去国企改革经验和教训，不能在一片改革声浪中把国有资产变成牟取暴利的机会；改革关键是公开透明。

1. 完善国资监管运营，强化监管职能

深圳市国资委先后两次对内设机构和职能配置进行优化调整，强化综合规划、资本运作、股东事务等出资人职能。加快推进投控向国有资本投资公司、远致向国有资本运营公司转型，率先探索国有资本投资运营公司运作模式，创新构建以市国资委直接监管为主，投控和远致公司辅助履职的监管运营新体制。

2. 完善现代企业制度建设

规范国有独资公司董事会建设，确保董事会及董事履职的独立性、专业性和可问责性，建立起规范高效的企业治理机制，在全国率先实现直管企业董事会建设"全覆盖"，专业外部董事占多数，改革力度全国最大，国务院国资委专门在深圳召开现场会推广深圳经验。持续开展直管企业"三改回头看"，指导投控推进下属企业"三改"工作，着力构建企业现代人力资源管理体系。

3. 完善以管资本为主的国资运营体系

一是完善投控作为国有资本投资公司功能,积极指导投控落实《全面深化改革实施方案》,根据改革实际需要,先后两次召开市国资委改革协调推进小组和投控公司改革工作推进小组参加的联席会议,重点就《投控公司2015年度改革计划》、理顺共管企业管理体制、制定板块整合方案等事项联合进行了研究部署,推进深圳市投资控股公司向具有全国影响力的国有资本投资公司转型。

二是完善远致作为国有资本运营公司功能,积极指导远致公司研究制定《转型升级框架方案》,通过完善公司运作体制,优化激励约束机制等举措,推进深圳市远致投资有限公司向国内领先的国有资本运营公司转型。

4. 强化国资运营监管

借鉴淡马锡市场化经验,遵循"做市场化的出资人和有效有为的监管者"履职原则,深圳深入探索适合自身特点和有利于企业发展的出资人履职模式,重点强化"六个方面"工作。

一是强化履职理念"五大转变"。积极推进履职思维从管资产向以管资本为主转变,履职手段从强调监督向与服务并重转变,履职模式从单项突破向顶层设计系统规划转变,履职重点从偏重产业发展向与资本运作并重"双轮驱动"转变,履职方式从偏重行政手段向更加注重市场化引导转变。

二是强化战略管理。制定《深圳市属国资国企改革发展"十二五"规划》、各企业规划、《深圳市属国资系统布局优化与资源配置的顶层设计方案》及相关实施办法,构建起战略执行"三大体系",即"五年战略规划+三年滚动计划+年度全面预算"短中长期相结合的目标分解体系,以业绩考核和专项奖励为核心的考核奖惩体系,和以经济运行分析为主体的战略运行监测体系,不断增强战略的导向性、引领性和约束力。

三是强化制度建设。为适应市场化履职要求,2011年系统梳理、修订制定16项国资监管制度,并通过修订企业《章程》推进制度落实。截至2014年年底,深圳市国资委共制定了60余项监管制度,内容涉及产权代表决策、收益管理、企业领导人员选拔任用、投资管理等国资监管运营各个方面,初步构建起具有深圳特色、市场化的国资监管运营制度体系。

四是强化分类监管。市国资委在全国较早实施分类监管,将企业分为基础类和竞争类两类进行考核,前者社会效益指标不低于80%,后者经济效益指标占90%,并率先全面推行经济增加值考核。同时增加个性化考核指标,强化考核的针对性、导向性。设立特殊贡献奖,对在改革重组、资本运作、企业经营中做出突出贡献的企业予以特殊奖励。

五是强化基础管理。国资预算纳入政府全口径管理,建立起市人大、审计和财政的全方位监督体系。率先实现国有资产全级次统计,连续三年荣获国务院国资委"地方企业统计工作先进单位"。借鉴上市公司规则,推动基础设施公用事业类非上市企业向社会公开财务年报,此领域10家企业全部实现信息公开,其范围为全国最大。

六是强化风险管理。实施全面风险管理,构建内部控制体系,打造财务风险预警系统,出台产权交易、招标采购、资源性资产公开租赁等办法,加强对招投标、经营性资产租赁、企业银行账户等高风险点的监管,充分发挥外派监事和财务总监作用。

(二)积极推进混合所有制改革

习近平总书记在《关于〈中共中央关于全面深化改革若干重大问题的决定〉的说明》中指出,全会决定坚持和发展党的十五大以来有关论述,提出要积极发展混合所有制经济,强调国有资本、集体资本、非公有资本等交叉持股、相互融合的混合所有制经济,是基本经济制度的重要实现形式,有利于国有资本放大功能、保值增值、提高竞争力。这是新形势下坚持公有制主体地位,增强国有经济活力、控制力、影响力的一个有效途径和必然选择。

鼓励非公有制企业参与国有企业改革,鼓励发展非公有资本控股的混合所有制企业,鼓励有条件的私营企业建立现代企业制度。这将推动非公有制经济健康发展。

深圳大力发展混合所有制。积极利用产权交易市场,稳妥引入社会资本、管理层及核心骨干共同参与企业发展。高新投完成引进战略投资者,特发信息、特发物业、天健集团、深爱半导体、易图资讯等企业混合所有制改革稳步开展。积极引入各类社会资本推进产权主体多元化,20家直管企业中11家是混合所有制,9家独资公司中有5家90%以上的核心资产和业务均在下属的上市和股份公司,市属国资系统混合所有制企业比例超过75%,居全国城市较高水平。

(三)强化资本运营优化国资布局结构

1. 企业上市工作取得重大突破

深圳国资加强资本运作的顶层设计,大力实施产业发展与资本运作"双轮驱动"战略,推动企业通过资本市场融资和增值,上市工作取得重大突破。深爱公司挂牌新三板,建科院、易图资讯IPO申请获受理,高新投、担保集团、能源环保等优势企业加大上市步伐。

2. 整合重组取得重大进展

完成地铁、港口、人力资源和文化场馆等板块资源整合,较高溢价转让减持深长城股权,有序退出运发股权;战略增持深振业、农产品股权,农科整体注入深圳控股,推进优质资源向上市公司集中,天健集团整合粤通,市属上市公司价值和国有控制力明显提升。

3. 大力推进基金群战略

创新投在国内率先设立首家公募基金,管理的政府引导基金达67家,总规模142亿元,位居全国创投行业首位。鹏华基金管理规模列入行业第一梯队。远致富海并购基金、投控园区基金、乾能新能源基金等快速发展,基金与国企协同效益更加凸显。远致成为市财政资金股权代持机构,积极扶持高新技术企业。特力顺利完成非公开发行股票,募资6.47亿元,向珠宝专业批发市场运营商转型成效初显。深圳控股在香港进行股权融资,募资27.3亿港元。特发信息开展管理层和核心骨干定向增发,募资1.1亿元。特发信息、天健集团非公开发行分别募集现金1.1亿元和22亿元,国信证券配股募集资金等工作有序推进。积极推动上市及培育工作。正式启动赛格集团整体上市工作,建科院IPO申请获证监会受理,加强上市企业培育。深爱公司、易图资讯成功挂牌新三板,为市属国资积极利用新三板市场促进战略性新兴产业加快创新发展发挥了引领示范作用。

4. 并购重组取得突破

远致顺利收购华融公司所持赛格集团29.51%股权,有力增强国有股东的控制力;特发信息成功完成对2家军工、互联网民营企业的全资并购,实现上下游产业链战略性整合。天健整合粤通已基本完成。投控加快酒店板块整合重组,留学生创业园等3家企业完成共管体制调整。

5. 加快组建产业发展和战略并购基金

专业基金实现较大突破,远致富海成立高新投专项基金和燃气基金,已取得实效。投控产业园区基金首期开始运作。能源集团可再生能源产业基金、深圳国际物流产业基金、赛格集团智能装备产业投资基金、农产品流通产业基金等特色产业基金正有序推进。

（四）国有企业负责人薪酬制度改革

积极推进薪酬制度改革，成立深圳市深化国有企业负责人薪酬制度改革工作领导小组，研究制定《关于深化市属企业负责人薪酬制度改革方案》。构建短、中、长期激励与约束相结合的考核薪酬体系，优化薪酬分配，实现同级不同薪的差异化薪酬结构。市场化选聘岗位实行市场化薪酬，关键岗位试行高端人才协议薪酬制度。在20余家企业推进长效激励，建科院在引进战略投资者同时实施管理层和核心骨干"市场化定价入股"，在全国进行了开创性探索。

（五）市属国有企业负责人履职待遇和业务支出改革

习近平总书记在主持召开中央全面深化改革领导小组第四次会议时强调，合理确定并严格规范中央企业负责人履职待遇、业务支出，是改作风的深化，也是反"四风"的深化，国有企业要做贯彻落实中央八项规定精神、厉行节约反对浪费的表率。要合理确定并严格规范中央企业负责人履职待遇、业务支出，除了国家规定的履职待遇和符合财务制度规定标准的业务支出外，国有企业负责人没有其他的"职务消费"，按照职务设置消费定额并量化到个人的做法必须坚决根除。

完善市场化履职机制。出台《关于加强深圳市属国有企业内部审计工作的指导意见》，推进监管工作规范化标准化。对标管理数据库上线试运行，优化对标管理考核体制和工作机制。推进国企产权流转监管政策研究制订工作，出台《关于进一步提升市属国有企业员工法治意识的指导意见》。深化国资预算管理，实现2015年全口径国资预算信息公开。编制市国资委权责清单，梳理法定职责事项24项，制定办事指南和工作流程图并及时向社会公开，有效提升履职规范性和透明度。按照国家和广东省相关政策要求,出台实施《关于合理确定并严格规范深圳市属企业负责人履职待遇、业务支出的管理办法》,合理确定严格规范企业负责人履职待遇、业务支出。

(六)加快产业转型升级步伐

开展打造世界500强企业和培育市属国有大型骨干企业等领域研究,积极融入国家及深圳战略部署,对接央企等各类优势企业,力促合作共赢。地铁探索产业基金服务于轨道交通建设的发展模式。农产品打造产销对接、产业园电商服务、社区O2O三大电商平台。赛格打造创客空间、国际创客产品展示中心,拓展电子市场产业链。天健参股前海光大产业发展基金,提前布局高端健康养老产业。巴士集团积极开展"智慧公交"。金融产业布局取得突破。远致参与发起设立全国第二家再保险公司,推进参股境外企业,拓展基金运作、股权投资等领域业务。万和证券获批融资融券、资产管理两项新业务牌照。创新投发起设立国内首只专注于"孔雀计划"项目投资的政府引导性创投基金。战略性新兴产业培育取得重大突破。积极推进新能源汽车更新置换,2015年纯电动出租车推广1124台。特发信息"产业并购+配套融资+管理层和核心骨干持股+涉足军工"四位一体重大资产重组转型已圆满完成。

(七)大力发挥国有企业先导作用

先导扶持功能显著。深圳市国资委在资金和体制机制方面积极支持创新投、高新投、担保集团发展,累计注资45亿元,支持企业建立市场化长效激励约束机制,推动这三家企业快速成长为行业领军企业。这三家企业累计扶持263家创新型企业上市,扶持创新企业或项目约2.7万个,金额超过2700亿元,形成资本市场的"创新投系""高新投系",具有深圳特色的"国有资本—市场化的国有创投担保企业—中小微创新型企业"的逐级扶持引导机制日趋成熟,刘延东、汪洋、胡春华、万钢等领导给予了充分肯定。环保低碳率先践行。深圳市属国企超额一倍完成市政府下达的公共建筑节能改造任务,年节省电费3800多万元。深圳能源集团清洁能源比例上升到55%,获得联合国"全球新兴城镇化建设新能源示范企业";深圳巴士集团成为全国最大的新能源公交运营企业,荣获"全国交通运输绿色循环低碳建设先进企业";深圳水务每年削减化学需氧量约占全市的70%;深圳建科院"建科大楼"获得中国内地唯一"亚太地区绿色建筑先锋奖";深圳市危险废物处理站成为我国工业危废物处理的领头羊。

五、商事登记制度改革

推进商事制度改革,是贯彻党的十八大精神,完善社会主义市场经济体制、加快政府职能转变、激发经济社会发展活力的重大举措。

党的十九大也指出,要深化商事制度改革,打破行政性垄断,防止市场垄断,加快要素价格市场化改革,放宽服务业准入限制,完善市场监管体制。

深圳经济特区在国家工商总局和广东省委省政府的支持下,于2013年3月1日正式启动商事制度改革,在全国先行先试,坚持市场化、法治化、国际化改革方向,打造"互联网+商事登记"的新模式,呈现出"组织有力、立法先行、信用监管、社会共治"的深圳特色。改革实施两年多后,在社会经济发展方面产生了明显的社会效果,并在全国起到了示范带动作用,多项改革创新做法领先全省、全国,得到国务院、国家工商总局和广东省委省政府的充分肯定。

(一)深圳商事登记制度改革概况

国家工商总局早在2004年就已经开始考虑商事制度改革的问题。2009年,统一将商事制度改革纳入广东省委省政府领导班子深入学习实践科学发展观活动落实方案以及《珠江三角洲地区改革发展规划纲要(2008—2020)》,商事制度改革由此成为广东地区的优先改革发展目标。2010年初,深圳启动了商事制度改革,由市改革办、市法制办和市市场监管局等部门组成了商事制度改革课题调研组,深圳市委市政府将商事制度改革列入2010年全市重点改革计划,经过研究论证,最终形成了《深圳市商事制度改革课题调研报告》和《深圳市商事登记制度改革实施方案》。2012年3月11日,国家工商总局下发了《关于支持广东加快转型升级建设幸福广东的意见》,明确支持广东省在深圳经济特区和珠海经济特区横琴新区开展商事制度改革试点。国家工商总局的支持加快了深圳市推动商事制度改革的立法进程。2012年5月22日深圳市委市政府下发了《关于加快推进商事登记制度改革的意见》。2012年10月30日深圳市五届人大常委会第十八次会议高票通过了《深圳经济特区商事登记若干规定》,于2013年3月1日起正式施行。2013年3月1日,国家工商总局副局长刘玉亭和深圳市委书记王荣亲自颁发深圳市商事登记制度改革后首张新版营业执照。

改革解决的主要问题是传统企业登记制度审批多、门槛高、效率低、注册难,这些问题在一定程度上压抑了经济发展的活力,也带来了诸多政府管理上的问题。

问题一,前置审批过多,准入门槛高,存在大量无证经营,审批与监管矛盾突出。传统企业登记制度是以营业执照为中心的、主体资格和经营资格相捆绑的登记制度。一个企业在成立之前，如果经营范围涉及许可项目，首先要通过审批部门的审核取得经营资格后，方可办理营业执照并开展经营活动，由此产生了所谓的"前置审批"。前置审批不仅项目多、条件高、效率低、审批难，同时与执照取得互为前提，存在法律逻辑上的"死结"，而且将本应属于许可审批部门监管的经营资格问题通过与登记挂钩且为前置的形式，不合理地纳入企业登记监管中，客观上导致许可审批部门与企业登记管理部门职责不清、互相推诿的现象普遍存在。

问题二，注册资本实缴制度导致资金营运效率低，并造成大量虚假注册现象。公司注册资本必须在法定期限内实缴到位并由依法设立的验资机构验资，由公司登记机关登记后在营业执照中记载公示；出资方式和非货币出资的比例均有强制性规定，非货币出资须由具有评估资格的资产评估机构评估作价。这一制度导致设立公司成本高、效率低，出资形式范围小、渠道少，非货币出资手续繁杂、费用高，资本营运效率低。不仅注册资本资源不合理配置，而且客观上造成"两虚一逃"的大量发生。最为严重的是"注册资本信用"的泡沫无法保护债权人的利益，不利于社会交易安全和诚信体系的建立。

问题三，复杂的场地证明材料导致短缺的场地资源不合理配置，造成大量"查无下落"企业存在。传统企业登记制度要求企业提交烦琐的场地使用证明文件。登记机关对住所或者经营场所登记的审查，实际上是对场地是否符合经营条件的审查，具体审查标准涵盖了场地的所有权、使用权、建筑物法定用途、使用功能、建筑质量、环境影响、卫生条件以及是否符合经营需要等等，条件十分苛刻，且一个具体地址一般只能登记为一家商事主体的住所或者经营场所。同时，城市化过程中产生的大量无法办理产权登记的历史遗留建筑物，无法作为经营场所办理证照，导致办公场所资源有限性的矛盾日益突出，也使商事主体经营成本居高不下，人为造成办照困难，最终造成场地虚假现象突出，大量"查无下落"企业存在。

问题四，传统年检制度"定位"不科学，监管效果差，"过""罚"不当等矛盾突出。传统企业年度检验是对企业登记事项是否发生变化进行的监督检查制度。国际通行做法的根本目的是检验商事主体的生存状况和财务信用状况，而我国做法的根本目的是加强对企业的管理和控制，这样的差别体现出我国商事登记思维中仍然存留着计划经济时代政府"主导一切、管控一切"的管理思想，整体年检制度设计重管理而轻服务。企业年度检验工作还包含对前置审批的监管工作，这种监管往往将企业推向被吊销营业执照的境地，且对未年检的企业往往处罚过重甚至吊销营业执照。于是，一方面是因无法在规定期限内申办年检被吊销营业执照的企业，难以恢复正常经营状况；另一方面又是大量已不再经营也无人过问的被吊销营业执照的企业无法正常退出市场。实践表明，传统年检制度不仅没有达到有效监管的目标，而且浪费了大量的企业和监管部门人力及财力资源，存在制度设计上的根本缺陷。

问题五，信息公示渠道不畅，公示信息不全面。传统企业登记信息公示是以工商登记和监管信息公示为主，登记机关以外各审批管理机关也各自设置有关的信息公示平台，例如银行、海关、税务、证券等审批或行业管理部门也在各自业务范围内建立相应企业审批和管理的信息平台，但上述信息公示平台大多没有实现信息互联互通。没有一个统一、全面的商事主体登记许可及信用信息公示平台，商事主体登记许可及信用信息分散在多个信息公示平台，就不能形成完整系统的商事主体信息公示体系，社会公众及市场交易各方无法全面了解商事主体的登记审批、监管及其他信用信息，也无法形成覆盖全社会各个领域的社会信用体系。

问题六,传统受理审核方式效率低、成本高,注册便利性差。改革前的营业执照登记仍然以传统的窗口受理审批和发放纸质营业执照为主,虽然开通网上登记业务系统,但也仅限于网上的预约申报和名称预先核准,使用率很低。传统的窗口式受理审批方式耗费大量的人力物力财力,行政成本居高不下,行政效率难以提高。企业办事人员排队等候时间长,而政府部门受编制、硬件条件等限制,也不能一味靠增加人手解决问题,这一矛盾长期存在,不符合创建服务型政府的理念。

深圳商事制度改革坚持以问题为导向,针对上述存在问题,主要在以下方面实现改革创新:

1. 改革以"营业执照"为中心的商事登记制度,实现商事主体资格和许可经营资格相分离

理顺商事主体登记与许可经营项目审批的相互关系,建立审批与监管高度统一的新型商事主体登记审批监管制度。包括经营范围不再作为登记事项,赋予了企业充分的经营自主权;实行场所自行申报,无需提交场地证明材料,允许"一址多照、一照多址",释放更多的场地资源;商事主体登记前置审批事项由原149项削减为12项,改"先证后照"为"先照后证";确立"谁审批,谁监管"以及与行业监管相结合的原则,倒逼行政审批制度改革和商事主体的后续监管制度建设。

2. 改革有限责任公司和股份有限公司注册资本实缴登记制度,实行注册资本认缴登记制度,完善公司内部治理结构

股东的出资方式、出资额、出资时间等内容,均由股东自行约定并记载于公司章程中。股东以其出资额为限承担相应的责任,其他股东、公司利益相关人可对企业出资情况进行监督。政府通过抽查的方式,将不履行出资承诺的企业进行失信公示。

3. 改革传统企业登记年检制度，实行商事主体年报制度

出台了《深圳经济特区商事主体年度报告实施办法》，规定商事主体定期向社会公开登记事项、备案事项、注册资本实缴情况等信息，接受公众的查询和监督。

4. 改革商事主体监管方式，实行经营异常名录制度，创新信用监管模式

改革对逾期未年检企业予以罚款和吊销营业执照的传统做法，出台了《深圳经济特区商事主体经营异常名录管理办法》，将不按时提交年度报告、通过登记的住所或者经营场所无法联系的商事主体载入经营异常名录并向社会公示，促使商事主体诚信守法经营。

5. 改革商事登记公示制度，建立统一的商事主体登记及许可审批信用信息公示平台，实现信息资源真正共享

构建统一的商事主体登记及许可审批信用信息公示平台，及时在网上公示商事主体登记和行政许可信息、年报信息、监管信息、信用信息等，强化全社会对商事主体及其经营行为、竞争行为的监管，实现社会共治。

6. 改革传统登记方式，实行全流程网上注册和"四证合一"，建立电子营业执照制度，实现商事登记的电子化和网络化

针对改革后引发的办照热潮，运用网络技术创新成果，深圳于2013年8月1日开始试行全流程网上登记，2014年7月1日全面实现全业务、全流程、无纸化网上登记。申请人凭银行U盾等有效数字证书，即可通过互联网提交企业电子申请材料、实现股东电子签名，商事登记部门实行网上受理、审查、保存电子档案、颁发电子营业执照，全部登记业务均在网上完成。申请人无需到注册窗口提交书面材料，高效率完成整个注册流程，颁发的电子营业执照与纸质营业执照具有同等法律效力。在此基础上，2014年12月1日又实现了

营业执照、机构代码证、税务登记证、刻章许可证"四证合一",创造了"一表申请、一门受理、一次审核、信息互认、四证同发、档案共享"的登记新模式。

7. 改革营业执照种类和内容,大幅削减营业执照种类,简化营业执照记载内容

将过去使用的15种营业执照大幅简化为4种,不再记载注册资本和经营范围,新增"重要提示"栏,提示公众在网上查询所需的相关信息等。

8. 出台了《深圳市商事主体行政审批事项权责清单》和审批事项后续监管办法

2014年9月1日,市政府公布《深圳市商事主体行政审批权责清单》(包括全市25个部门的共129项许可审批项目,其中前置审批12项,后置审批117项)及各部门的后续监管办法,进一步厘清了各部门审批及监管的权力和责任,确保监管到位,防止监管真空,这也是关于商事主体许可审批和后续监管的明细表和对账单,为落实"宽进"后的"严管"和各部门齐抓共管打下了基础。

(二)深圳商事制度改革成效

改革实施以来,在带动就业创业、社会经济快速发展等方面效果十分明显,充分体现了改革在经济社会发展方面的实效性:

一是发挥市场决定性作用,激发创业热潮,促进经济稳步增长。商事主体数量增长迅猛,社会创业热情高涨,极大地推动了创新型、服务型产业的发展。

二是促进产业结构进一步优化,中小微企业快速发展。根据2014年底数据分析,改革后新登记企业从产业分布看,第三产业比重进一步加大,在新登记企业中占据九成,现代服务业增长迅速,产业调整政策效果显现。按行业划分，改革后新登记企业户数排名前五位的行业中，其中有四个行业属于服务业，比例达到了95%左右，增长迅速。从规模结构分析，注册资本500万元以下的法人企业户数同比增长约70%，占比80%以上，中小微企业数量最多且比重最大。

三是推动许可审批制度改革，促进监管方式改变。例如推动了网吧审批改革和会计师事务所"先照后证"改革。在信息监管方面，2015年我市已建成覆盖全市225万多家商事主体（包括注、吊销企业）共3.8亿项信用信息的华南地区最大的商事主体信用信息数据库，为下一步的"大数据监管"打下基础。改革后还建立了"谁审批、谁监管"和行业监管相结合的新型监管机制，出台了《深圳市商事主体行政审批事项权责清单》及各部门的后续监管办法，通过经营异常名录制度、注册资本实缴备案抽查、分类管理、"黑名单"等监管手段加强"宽进"之后的"严管"，形成"一处违法、处处受限"的信用监管体系。

四是切实减轻商事主体负担，降低营商准入成本，创造优良营商环境，扩大就业惠及民生。改革后大约70%以上的新登记企业采用了注册资本认缴制，大大提高了资金利用率，盘活、释放了大量场地资源，并进一步简化材料，优化办事流程，实行窗口受理人员"一支笔"直接核准，推行"即来即办"、大通关跨区办照登记等配套措施，传统窗口受理人员人均办理量25件/天，全流程网上办理模式人均办理量达50件/天，审核效率提高100%，为商事主体提供了更高效便利的服务。按照抽样调查测算的数据，个体户平均每户吸纳从业人员2.89人，企业平均每户吸纳3.52人（按股东人数算），改革以来，新登记商事主体至少吸纳了281万人就业，改革实实在在地为创业者提供了更广阔的展示平台。

第四章　全力打造一流法治城市

一、法治——城市新特质

党的十九大总结了过去五年的工作和历史性变革，指出民主法治建设迈出重大步伐。积极发展社会主义民主政治，推进全面依法治国，党的领导、人民当家作主、依法治国有机统一的制度建设全面加强，党的领导体制机制不断完善，社会主义民主不断发展，党内民主更加广泛，社会主义协商民主全面展开，爱国统一战线巩固发展，民族宗教工作创新推进。科学立法、严格执法、公正司法、全民守法深入推进，法治国家、法治政府、法治社会建设相互促进，中国特色社会主义法治体系日益完善，全社会法治观念明显增强。国家监察体制改革试点取得实效，行政体制改革、司法体制改革、权力运行制约和监督体系建设有效实施。

但社会矛盾和问题交织叠加，全面依法治国任务依然繁重，国家治理体系和治理能力有待加强。所以要明确全面推进依法治国的总目标是建设中国特色社会主义法治体系、建设社会主义法治国家。

全面依法治国是中国特色社会主义的本质要求和重要保障。必须把党的领导贯彻落实到依法治国全过程和各方面，坚定不移走中国特色社会主义法治道路,完善以宪法为核心的中国特色社会主义法律体系,建设中国特色社会主义法治体系,建设社会主义法治国家,发展中国特色社会主义法治理论,坚持依法治国、依法执政、依法行政共同推进,坚持法治国家、法治政府、法治社会一体建设,坚持依法治国和以德治国相结合,依法治国和依规治党有机统一,深化司法体制改革,提高全民族法治素养和道德素质。

要深化依法治国实践。全面依法治国是国家治理的一场深刻革命,必须坚持厉行法治,推进科学立法、严格执法、公正司法、全民守法。成立中央全面依法治国领导小组,加强对法治中国建设的统一领导。加强宪法实施和监督,推进合宪性审查工作,维护宪法权威。推进科学立法、民主立法、依法立法,以良法促进发展、保障善治。建设法治政府,推进依法行政,严格规范公正文明执法。深化司法体制综合配套改革,全面落实司法责任制,努力让人民群众在每一个司法案件中感受到公平正义。加大全民普法力度,建设社会主义法治文化,树立宪法法律至上、法律面前人人平等的法治理念。各级党组织和全体党员要带头尊法学法守法用法,任何组织和个人都不得有超越宪法法律的特权,绝不允许以言代法、以权压法、逐利违法、徇私枉法。

法治城市是现代化国家的重要组成单元,其基本含义是指在城市实行依法治理,确立法律在城市社会调整体系中的核心地位,实现法律对城市社会关系的全面调整和控制。深圳作为经济特区和改革开放前沿,多年来承担着为全国改革开放先行先试的重大使命。深圳2013年在全国率先确立建设"一流法治城市"的目标,把法治化作为全面深化改革的重要"突破口",就是要通过最大的努力,全力打造更优的法治化环境,使"一流法治"成为深圳新时期最为显著的特征。

推进依法治国,建设社会主义法治国家,是我们党和国家既定的发展战略。党的十八大报告作出了全面推进依法治国的重大决策和战略部署,而建设法治城市,是认真贯彻落实党的十八大精神,将依法治国基本方略与地方民主法治建设相结合的具体实践活动,是充分发挥法治在经济社会发展中的引导、规范、调节、保障和服务作用的重大举措。

城市,是人类文明的结晶和传承文化的载体,一个和谐、文明、宜居的城市,必然是一个法制健全、公民法律素质高的城市。因此,可以这样说,建设法治城市是城市建设的重要保障。法治城市,即城市生活的各个领域的法治化,是指法律在城市生活、管理、运行过程中处于最高地位,并实现对城市生活方方面面的综合性控制和管理,从而形成良好、稳定的法律秩序的城市。在法治城市中,各种公权力的行使全部被纳入到法治的轨道中,受到权力的制衡,受到权利的约束,受到程序的限制。

法治是市场经济发展的必然结果,但同时也是经济发展的前提与条件。当前,我国在经济发展的同时,各种社会矛盾凸显,群众的权益诉求日益增多,这对政府的公共安全管理、公民权益保障、社会矛盾的预控和化解等提出了新的更高要求,加快法治建设的需求更显迫切。中央政府强力推建法治政府的决心有目共睹,近年来以行政管理体制改革为核心的系列举措,成为中国走向法治政府的清晰足音。

城市在法治国家建设中无疑承担着重要的责任。建设法治政府推进依法行政,重点在市县,难点也在市县,法治城市建设已经成为依法治国基本方略的具体实践和重要一环。把法治建设贯穿于城市发展的始终,使法治成为城市常态的社会管理方式和生活方式,不仅能够为经济社会协调发展提供坚强的法律保障,而且能够提高广大公民的法制观念和法律素质、有效教育引导广大公民依法表达利益诉求、自觉履行义务、依法维护权益,促进社会和谐稳定。

毋庸置疑,"法治城市"的未来,也是"法治中国"的未来。国家治理体系和治理能力现代化,其重要内涵和基本特征就是法治化。政治清明,社会公平,民心稳定,长治久安,皆以法治为根本。随着当代城市的现代化进程,法治现代化的需求愈益迫切。在推进城市建设的进程中,无论是保持经济平稳较快发展,还是实现可持续发展的目标,需要法治做保障;建设安全、宜居、和谐的社会环境,需要法治来引导。可以说,完善的法治体系建设,是城市建设的重要推力。从这个意义上说,有中国特色的城市建设,一定是社会主义法治高度健全的城市,法治当为城市建设的应有之义。

二、立法引领改革前行

党的十九大报告指出,科学立法、严格执法、公正司法、全民守法深入推进,法治国家、法治政府、法治社会建设相互促进,中国特色社会主义法治体系日益完善,全社会法治观念明显增强。

要加强人民当家作主制度保障。人民代表大会制度是坚持党的领导、人民当家作主、依法治国有机统一的根本政治制度安排,必须长期坚持、不断完善。要支持和保证人民通过人民代表大会行使国家权力。发挥人大及其常委会在立法工作中的主导作用,健全人大组织制度和工作制度,支持和保证人大依法行使立法权、监督权、决定权、任免权,更好发挥人大代表作用,使各级人大及其常委会成为全面担负起宪法法律赋予的各项职责的工作机关,成为同人民群众保持密切联系的代表机关。完善人大专门委员会设置,优化人大常委会和专门委员会组成人员结构。

要继续推进科学立法、民主立法、依法立法，以良法促进发展、保障善治。建设法治政府，推进依法行政，严格规范公正文明执法。

完善的法律制度体系为深圳建设一流法治城市奠定基石。20世纪八九十年代，深圳的法律法规跟不上改革开放的步伐，很多领域都是空白，无法可依。1992年7月1日，深圳市人大及其常委会被授予特区立法权。从此，深圳立法工作驶上了快车道。20多年来，深圳市人大及其常委会在不违背国家上位法的前提下，充分利用特区立法权，精心耕种立法"试验田"。深圳立法工作者一开始就放眼世界，以新加坡等世界先进城市为标杆，学习借鉴、移植香港等地法治建设的成熟经验，结合深圳实际，让深圳各个领域以"深圳速度"形成具有深圳特色的法制规范，推动特区改革跨越式发展。据统计，1992年至2015年11月底，市人大常委会共通过法规及有关法规问题的决定397项，其中较大市立法40项，其余为特区立法。已出台的法规涵盖了经济、政治、社会、文化、生态建设等方方面面，让深圳市各个领域的改革创新发展实现有法可依，初步建立起较为完善的法律制度体系，为深圳创建一流法治城市奠定了坚实的基础。

纵观特区立法工作，创新是核心关键词，率先打破铁饭碗、率先放开物价、率先建立劳动力市场、率先实行社会保险制度改革……深圳的这些创举，大多是在相应法规的引领下实现的。而在全国各大主流媒体上，关于深圳开全国立法先河的报道不胜枚举：全国首部改革创新促进条例在深圳诞生，立法鼓励敢闯敢试，为改革者营造崇尚成功、宽容失败的环境和氛围；深圳率先为"保护好人"立法；深圳率先为促进全民阅读立法……20多年来，深圳的创新立法成为深圳改革创新DNA链中不可缺失的一环，也成为深圳改革创新源源不断的推动力。

深圳提出要让一流的法治成为深圳新时期更为显著的特质。深圳市委出台《关于进一步发挥人大及其常委会在立法工作中主导作用的意见》，要求探索立法机制创新，建立"人大主导，多方参与"的特区立法新机制。市人大常委会围绕市委中心工作，将立法工作放在"依法治国战略全局"中谋篇布局，以立法引领改革，进行了一系列理论和实践探索。

习近平总书记说，重大改革要于法有据。作为最早的经济特区之一，深圳在改革初期由于法制不健全，很多改革措施是先破后立。这样的改革释放了活力，但也有很多经验教训值得总结。因此，在新的时期，更加注重将立法工作放在"推进治理体系和治理能力现代化总目标"中改革创新，科学处理改革的"破"与法制的"立"的关系，更加注重从法律制度上进行顶层设计，充分发挥立法引领、推动和保障改革的作用。

具体案例有：

1.《深圳经济特区商事登记若干规定》

2013年3月实施的《深圳经济特区商事登记若干规定》，是立法引领改革前行的一个典型案例。自2010年开始，商事登记制度改革即被纳入深圳重点改革计划，旨在适应国际惯例，降低企业注册门槛。随后不久，市人大常委会启动全国第一部商事登记地方法规的立法工作，为这项改革"开路"和"撑腰"。数字显示，法规实施以来，注册登记的企业呈"井喷"式增长，由法规实施前的90多万家，激增至270多万家，深圳创业迎来了又一轮"春天"。

2.《深圳经济特区居住证条例》

2015年6月1日实施的《深圳经济特区居住证条例》，意味着深圳人手中的居住证"含金量"将更高。这是国内首个居住证地方立法，是深圳贯彻党的十八大、十八届三中全会提出的"完善和创新流动人口管理服务,加快户籍制度改革"的具体举措,也是将立法决策和改革决策结合的一次有益尝试。

3.《深圳经济特区前海深港现代服务业合作区条例》

2011年6月27日实施的《深圳经济特区前海深港现代服务业合作区条例》,被称为前海的基本法。条例赋予了这个特殊区域自主性、试验性、创新性,明确了其独特的发展模式,为把前海建设成为粤港澳现代服务业创新示范区提供了法律保障,使前海这个"特区中的特区"的先行先试有法可依。

类似的案例还有很多,深圳建设国家自主创新示范区获国务院批复,这是党的十八大后国务院批准建设的首个国家自主创新示范区,市人大常委会宣布启动制定《深圳经济特区国家自主创新示范区条例》,将示范区建设纳入法治化轨道;《关于加强碳排放管理的决定》的出台,引领并保障了"中国式"碳交易在深圳试点;市人大常委会作出的《关于适时调整本市法规设定的行政审批事项的决定》,进一步推进政府职能转变,提高行政管理效率……从"摸着石头过河"到"于法有据",这反映了在改革进入深水区之时,深圳更加重视运用法治思维和法治方式,发挥法治的引领和推动作用。深圳市人大常委会将立法决策与改革决策结合的一次次探索,保障了改革在法治的轨道中进行,助推了深圳城市治理体系和治理能力现代化。

三、司法改革的破冰

习近平总书记在《关于〈中共中央关于全面深化改革若干重大问题的决定〉的说明》中指出,要改革司法体制和运行机制。司法体制是政治体制的重要组成部分。这些年来,群众对司法不公的意见比较集中，司法公信力不足很大程度上与司法体制和工作机制不合理有关。

司法改革是这次全面深化改革的重点之一。十八届三中全会决定提出了一系列相互关联的新举措，包括改革司法管理体制，推动省以下地方法院、检察院人财物统一管理，探索建立与行政区划适当分离的司法管辖制度；健全司法权力运行机制，完善主审法官、合议庭办案责任制，让审判者裁判、由裁判者负责；严格规范减刑、假释、保外就医程序；健全错案防止、纠正、责任追究机制，严格实行非法证据排除规则；建立涉法涉诉信访依法终结制度；废止劳动教养制度，完善对违法犯罪行为的惩治和矫正法律；等等。

这些改革举措，对确保司法机关依法独立行使审判权和检察权、健全权责明晰的司法权力运行机制、提高司法透明度和公信力、更好保障人权都具有重要意义。

党的十九大报告也指出，要深化司法体制综合配套改革，全面落实司法责任制，努力让人民群众在每一个司法案件中感受到公平正义。加大全民普法力度，建设社会主义法治文化，树立宪法法律至上、法律面前人人平等的法治理念。

近年来，深圳市在全国率先探索司法体制改革，构建强有力的司法职业保障制度，提高司法专业化水平，为国家完善司法改革顶层设计提供了鲜活的深圳实践。《深圳市司法体制改革第三方评估报告》总结了深圳司法改革的四点经验：

协同推进形成强大改革合力。坚持高位谋划、通盘布局，确保司法改革的整体性、系统性、协同性。作为全国首批司法体制改革试点地区，深圳加强对改革的宏观思考和微观设计，提前规划改革蓝图，精心细化配套方案，确保了司法改革试点工作推进的整体性。坚持问题导向、制度先行、重点突破、国际化视野，确保司法改革试点工作推进的系统性。勠力协作、攻坚克难,形成了推进改革的强大合力,确保了深圳司法改革工作的协同性。

精准发力以解决问题为衡量标尺。坚持目标导向、精准发力,把解决问题和落地见效作为衡量改革成效的主要标尺。本次改革中,深圳改革紧紧围绕"维护公平正义、提升司法效率"两大目标,不为改革而改革。深圳法院推进标准化办案工程,先后出台78件裁判指引,统一案件裁判标准,同时通过案件质量评查落实责任追究,倒逼提升司法公正水平,确保案件质量经得起历史检验。深圳检察院将解决案多人少突出矛盾、提高司法效率作为改革的攻坚重点,坚持"司法改革、机制创新、科技应用"综合施策,以现代科技助力司法改革,推动"互联网+"、大数据和云计算与检察工作深度融合,彰显了司法体制改革的成效。

以机制创新推动体制创新。坚持以机制创新推动体制创新,用改革的方式解决改革过程中的难题。深圳在率先实现中央确定的司法改革任务的同时,向机制创新要公信、要效率。繁简分流办案机制、多元化纠纷解决机制、跨部门网上办案平台、鹰眼查控机制等改革项目在化解案多人少、提高办案效率方面,发挥了重要作用,上升为全国经验。这些机制创新为司法体制改革的顺利推进注入了鲜活动力,成为体现司法体制改革成效的有力注脚。

鼓励基层创新,大胆探索深化改革。坚持鼓励基层创新,注重提炼经验,以点带面自下而上深化改革。深圳把鼓励基层改革创新、大胆探索作为抓改革落地的重要方法。近年来,基层单位创造了一大批在全国有影响力的经验,如:福田法院"审判长负责制"开全国司法责任制改革之先河;前海法院成为最高人民法院确立的唯一的综合性司法改革示范法院;南山检察院最早在全国建立提审、庭审一体化远程视频办案系统等。

构建司法权力运行新机制的司法责任制改革、着力破解"案多人少"困局的司法人员分类管理制度改革、打破晋升"天花板"增强职业尊荣感的司法人员职业保障制度改革、更符合司法规律的法院检察院人财物统一管理,这四项工作是本轮司法体制改革的基石,深圳都率先破冰、先行先试,取得突破与成效,又一次成为全国司法体制改革的"排头兵"。

从打头炮到涉深水,深圳始终先行一步、大胆创新,孜孜以求完成国家和省赋予的司法体制改革各项试点任务,在"一流法治城市"建设的基础上,加快打造"法治中国示范城市",为全国司法体制改革探索"深圳经验"。

(一)构建司法权力运行新机制

在司法权力运行机制改革问题上,深圳是大胆的探路者。"谁办案谁负责"是本轮司法责任制改革的重要目标。早在2012年,深圳市福田区人民法院、检察院就推行"审判长负责制""检察官办案责任制",率先启动司法权力运行机制改革。

"审者不判,判者不审"一直是法院最为人诟病的问题之一。对此,深圳法院积极探索新型审判权运行机制与司法责任制改革一体推进,全面确立法官与合议庭独立办案机制。明确院庭长不再对未参加合议审理的案件的裁判文书进行审批签发,99.8%的案件的裁判文书均由独任法官或合议庭直接签发。建立权力清单,厘清了审判权、审判管理权和审判监督权的边界,明确院庭长监督管理的范围和方式,确保"放权不放任"。建立权威中立的案件评查制度,2016年评查3500件案件,将评查结果作为责任追究的依据。

构建新型办案组织,解决权力如何运行的问题。据了解,深圳中院主要采取"1名审判长+2名普通法官+2名法官助理"的模式,设置了79个固定合议庭。基层法院则主要采取"1名审判长+2名普通法官+N名审判辅助人员"和"1名法官+N名审判辅助人员"模式。

根据检察权的不同属性，深圳市检察院对改革初期的主任检察官办案组织进行调整完善，在司法属性较强的公诉、侦查监督部门实行检察官独任制，在行政属性较强的职务犯罪侦查部门实行行政审批制，在监督属性较强的民事行政检察、刑事申诉检察等部门实行集体决定制。

全市检察机关先后两轮修改检察官权力清单，形成了2.7万余字的《深圳市人民检察院检察官职权划分暂行规定（试行）》，梳理了检察委员会委员、检察长（含副检察长）、检察官的1003项具体权力，其中授予检察官的职权占权力清单的53%，将原属于检察委员会、检察长行使的34项职权下放给检察官，检察委员会审议案件数量下降22.9%；检察长、副检察长审批案件下降40%以上。

"有权必有责、失责必追究"。2016年，深圳两级法院全面制定《落实司法责任制工作指引》，对审判、管理、监督、保障、考核、评价、追责等进行了一体安排，实现了办案机制、评价机制、问责机制、保障机制的有序衔接。深圳检察院在改革中先后制定了检察官考核、案件质量评查、检察官惩戒、错案责任追究等一系列制度，以信息化手段将检察人员责任追究与绩效考核相关联，形成流程监控、纪检监察、质量考评"三位一体"的管理监督评价体系。2016年，全市检察机关集中评查案件689件，问责办案不规范责任人10人，立案查处违纪人员4人。

深圳的大胆探索、勇于实践给北京师范大学法学院教授、博士生导师熊跃敏留下深刻印象。在实地考察深圳司法责任制改革后，熊跃敏表示，深圳司法责任制改革取得的成效有目共睹，特别是深圳司法界人士对于进行司法体制改革高度认同，让人印象深刻。

（二）员额制改革实现司法人员专业化

本轮司法改革有四大任务，即四项制度的建立与完善——司法人员分类管理、司法责任制、司法人员职业保障、人财物统一管理。这四大任务中，员额制改革是块难啃的硬骨头，因为它涉及人，是改革最关乎痛痒的地方，也是改革的试金石。

深圳作为先行试点地区，2014年着眼于公正高效办理案件的客观现实需要，在全国率先完成入额工作。中央的员额比例要求下达后，深圳克服调整阵痛，于2016年完成首批中央员额入额工作。

对入额人员，深圳设置了严格准入、有序缓入、坚决禁入"三道门槛"。在员额使用上，深圳坚持"三个导向"。一是入额法官检察官必须在一线办案。二是员额统筹上向基层倾斜。省法院核拨深圳首批员额1060名，其中基层法院839名，占79.2%；省检察院核拨深圳首批员额630名，其中基层检察院450名，占71.4%。为保证有限的员额真正向在一线办案的法官检察官倾斜，市区两级检察院31名领导班子成员主动暂缓入额，树立了让办好案者先入额、让入额者好好办案的良好干事氛围。三是入额的院庭长带头办案。2016年全市法院院庭长共承办案件87911件，占结案总数31.7%。

把握职业特性，实现分类管理分途发展。2014年，根据职业特性和分工不同，深圳将司法工作人员分为法官检察官、司法辅助人员与司法行政人员三大职系。为打破法官检察官职业晋升"天花板"，2014年7月起，深圳先后启动法官检察官的职务序列套改工作，构建法官检察官单独职务序列和薪酬体系。确立从五级法官检察官到一级高级法官检察官等9个等级，同时对择优晋升做了制度安排。同步建立单独薪酬体系，实行与法官检察官等级挂钩的薪级工资制度。

一直以来,劳动合同制司法辅助人员是协助办案的重要力量。但受制于待遇偏低、职业发展通道缺乏等因素,高素质的人员招不来,招来了留不住,队伍流动性较大,不利于司法队伍的稳定和司法质效的提高。为突破这一困局,2017年4月,深圳出台了《深圳市劳动合同制司法辅助人员改革方案》,建立了劳动合同制司法辅助人员单独职务和等级制度,有效保障了劳动合同制司法辅助人员队伍的稳定性和可持续性发展。

通过人员分类管理改革和职业保障制度改革,优秀人才向办案一线流动趋势更加凸显,职业尊荣感显著提升,司法队伍整体活力不断迸发。深圳法院结案数从2014年的20.7万件上升到2016年的27.7万件,增幅达33.7%。检察院审查逮捕案件办结时间平均缩短0.2天,审查起诉案件办结时间平均缩短11天。

(三)在全国最早实现人财物市级统管

作为计划单列市,深圳成为全国最早实现区级法院、检察院人财物市级统管的城市。统管工作中,深圳经历了"先财物、后人事"到"人财物齐头并进"两个阶段。经过一年多的努力,2015年完成了两级法院、检察院资产、预算及薪酬市级统管。2016年1月,完成法院、检察院人员市级统管。自此,深圳打破基层法院、检察院人财物隶属同级党政机关的传统制度安排,翻开中国司法历史的新篇章。

在推动该项工作中,深圳率先于2014年11月21日获得广东省委政法委的正式批复,组织开展市级统一管理法院、检察院财物试点工作。而在此之前实行的法院、检察院人员分类管理和法官检察官薪级"套改"等措施,也为人财物市级统管改革奠定了良好的基础。另一方面,作为中国改革开放的窗口并毗邻实行"一国两制"的香港特别行政区的城市,深圳司法环境较好,法院、检察院离退休人员、冗余人员等"历史包袱"不重,法检工作人员素质较高,也为市级统管改革提供了良好的政治环境与社会环境。

深圳司法体制改革的全面推进,使办案质量和效率得到极大提升,司法公信力进一步增强。当前,深圳司法体制改革已经进入深水区,未来任重而道远,深圳将全面贯彻习近平总书记"四个坚持、三个支撑、两个走在前列"的总要求,在司法体制改革上勇当尖兵,再创新局,努力建设法治中国示范城市。①

目前以及未来一段时间,深圳还将继续探索改革。

一是探索将法官助理、检察官助理实行单独职务序列管理。法官助理、检察官助理一般都具有司法职业资格,是法官、检察官选拔的主要来源,但目前法官助理、检察官助理均纳入综合管理类公务员序列,不利于管理,亦难以激发这些"后备"法官、检察官尤其是年轻法官、检察官的工作积极性,在员额制的局限下,部分法官助理、检察官助理成为"入额法官、检察官"的时间肯定要延长,甚至有的还入不了额,法官检察官队伍稳定后,法官助理、检察官助理将来恐是两院人员流失的"重灾区"。因此,在进一步明确界定法官与法官助理、检察官与检察官助理工作职责的基础上,可探索将法官助理、检察官助理实行单独职务序列管理,加强职业保障,打通其职业发展通道。

二是进一步加大法官、检察官的职业保障力度。据了解,改革后,深圳的法官、检察官工资水平比同等资历的综合管理类公务员约高出10%—20%,但相比职业所需的资格条件、工作强度,吸引力仍不足;机关事业单位工作人员退休待遇与社会养老保险并轨后,包括法官、检察官在内的公务员辞职将愈发常见,没有充分的薪酬

---

① 张燕. 勇当尖兵为全国司法改革提供"深圳样本" [N]. 深圳特区报, 2017-07-07
（A07）

激励,经验丰富的法官、检察官以及有一定积累的法官助理、检察官助理将更多地流失;改革方案虽确定了"从符合法官任职条件的律师、法律研究人员和其他法律工作者中选任法官",但目前的薪酬水平对律师、法学教师基本上是"零吸引力",没有律师、法学教师愿意加入法官、检察官队伍。实行法官、检察官员额制改革且深圳的员额比例下调后,法官、检察官实际上是一支"精英型、专家型"队伍,因此,应构建一套与其他公务员薪级制不同的法官、检察官薪级制,进一步提高法官、检察官的薪酬待遇水平,加大职业保障力度,增强法官、检察官职业的尊荣感,更好地促进司法公正。

三是探索增设若干基层法院、检察院,增加审判法庭。实行登记立案制后,法院受理的案件尤其是民商事案件增长迅速。前海法院运作后,应尽快推进前海检察院的设立,并参照前海法院、前海检察院的模式,研究设立新的基层法院检察院。除了法官存在缺口以外,深圳两级法院的审判法庭也存在较大缺口,导致部分案件无法在审理时限内开庭,因此,在增设法院、检察院一时难以实现的情况下,建设或租赁一些合适的场地作为审判法庭,提高办案效率,满足人民群众的司法需求。

四、行政执法体制改革

严格文明公正执法是一个整体,要全面贯彻。文明执法、公正执法要强调,严格执法也要强调,不能畸轻畸重。如果不严格执法,执法司法公信力也难以建立起来。现实生活中出现的很多问题往往同执法失之于宽、失之于松有很大关系。涉及群众的问题,要准确把握社会心态和群众情绪,充分考虑执法对象的切身感受,规范执法言行,推行人性化执法、柔性执法、阳光执法,不要搞粗暴执法、"委托暴力"那一套。但是，不论怎么做，对违法行为一定要严格尺度、依法处理。现在有一种现象，就是在环境保护、食品安全、劳动保障等领域，行政执法和刑事司法存在某些脱节，一些涉嫌犯罪的案件止步于行政执法环节，法律威慑力不够，健康的经济秩序难以真正建立起来。这里面反映的就是执法不严问题，需要通过加强执法监察、加强行政执法与刑事司法衔接来解决。①

习近平总书记指出，法律的生命力在于实施，法律的权威也在于实施。"天下之事，不难于立法，而难于法之必行。"如果有了法律而不实施、束之高阁，或者实施不力、做表面文章，那制定再多法律也无济于事。全面推进依法治国的重点应该是保证法律严格实施，做到"法立，有犯而必施；令出，唯行而不返"。②

习近平总书记强调，政府是执法主体，对执法领域存在的有法不依、执法不严、违法不究甚至以权压法、权钱交易、徇私枉法等突出问题，老百姓深恶痛绝，必须下大气力解决。十八届四中全会决定提出，各级政府必须坚持在党的领导下、在法治轨道上开展工作，加快建设职能科学、权责法定、执法严明、公开公正、廉洁高效、守法诚信的法治政府。全会决定提出了一些重要措施，如：

一是依法全面履行政府职能。推进机构、职能、权限、程序、责任法定化，规定行政机关不得法外设定权力，没有法律法规依据不得作出减损公民、法人和其他组织合法权益或者增加其义务的决定；推行政府权力清单制度，坚决消除权力设租寻租空间等。

二是健全依法决策机制。建立行政机关内部重大决策合法性

---

① 中共中央文献研究室. 严格执法, 公正司法[M]//十八大以来重要文献选编（上）. 北京: 中央文献出版社, 2014: 722—723
② 习近平. 关于《中共中央关于全面推进依法治国若干重大问题的决定》的说明（2014年10月20日）

审查机制,积极推行政府法律顾问制度,保证法律顾问在制定重大行政决策、推进依法行政中发挥积极作用;建立重大决策终身责任追究制度及责任倒查机制等。

三是深化行政执法体制改革。推进综合执法,理顺城管执法体制,完善执法程序,建立执法全过程记录制度,严格执行重大执法决定法制审核制度,全面落实行政执法责任制等。

四是强化对行政权力的制约和监督。加强对政府内部权力的制约,对财政资金分配使用、国有资产监管、政府投资、政府采购、公共资源转让、公共工程建设等权力集中的部门和岗位实行分事行权、分岗设权、分级授权,定期轮岗,强化内部流程控制,防止权力滥用;完善政府内部层级监督和专门监督;保障依法独立行使审计监督权等。

五是全面推进政务公开。推进决策公开、执行公开、管理公开、服务公开、结果公开;重点推进财政预算、公共资源配置、重大建设项目批准和实施、社会公益事业建设等领域的政府信息公开等。

这些措施都有很强的针对性,也同党的十八届三中全会精神一脉相承,对法治政府建设十分紧要。①

按照中央执法体制改革精神,深圳的行政执法体制改革主要从以下四个方面入手:

(一)推行大监管体制

面对规模庞大的市场主体,政府部门如何执法,实行有效监管?深圳探索建立"大市场、大部门、大监管、大服务"食品监管新模式。

---

① 习近平.关于《中共中央关于全面推进依法治国若干重大问题的决定》的说明（2014年10月20日）

在传统的执法监管模式下，如果一个面包出了问题，只要还没有销售，工商部门就不能到面包作坊进行查处；改革后，在食品监管一体化管理模式下，市场监管部门统一负责食品生产、食品流通以及餐饮消费环节的监管。

这是深圳在全面深化改革新时期强力推进行政执法体制改革的一个缩影。深圳以大部门制改革为突破口，坚持职能整合，以职能转变为核心，简政放权、理顺权责关系，创新体制机制，推动行政执法综合改革，提高行政效能，为全国深化行政执法改革做了积极的探索。

(二)完善执法协同机制

减少"多头管理"，确保执法到位，"有好处就抢着干，有责任就踢皮球"——权责交叉、界限不清、多头执法，是执法体制中一度存在的问题，执法"缺位""越位""错位"的现象备受诟病。为此，深圳完善行政执法协同机制，推进跨部门、跨行业综合执法。健全街道城市管理相对集中执法权体制，减少行政执法层级，解决权责交叉、多层执法问题。这就意味着，个别部门"踢皮球"的场地将会越来越少直至完全被取消。在这样的改革思路指导下，一批相似、相近的执法机构被调整和归并，行政执法"多头管理"的现象大幅减少。组织建立非法营运联合整治工作机制就是一个典型的例子。该工作机制框架内包括公安、交警、辖区综治办和街道执法队等多个成员单位，以定期组织全市"雷霆"统一行动为主要抓手，并在统一行动之余强化了日常执法发现非法营运案件及时移交机制，对非法营运形成了四面围攻之势。根据深圳交通运输行政执法支队提供的数据，自2012年以来，依托联合整治非法营运制度平台，深圳全市共查处非法营运车辆超过1.2万辆。

（三）规范执法行为

推进执法全过程法治化，对于行政执法改革来说，机构整合仅是表面上的"物理变化"，只做好"减法"，显然是不够的。拍脑袋，想当然，人情执法，弹性处罚……执法效率低下、执法行为不规范、执法人员自由裁量权过大等问题凸显，严重影响了执法工作的威信与效果。近年来，深圳市每年都修订印发了行政处罚安全评查标准，为规范行政执法部门实施行政处罚提供操作指引和评价标准；出台了《深圳市规范行政处罚裁量权若干规定》，指导督促市级行政执法部门认真制定、及时报备、严格实施本系统行政处罚裁量权实施标准。其中，福田区在全省率先试点安监移动执法新模式，以信息化、制度化手段推动执法全流程法治化改革。在福田区，安监执法人员现场执法，不再纸质手写，而是用移动平板电脑将存在的问题拍成照片，锁定前端证据，随后开具的文书都由便携式移动执法设备终端打印，整个过程犹如操作银行POS机。目前，全市行政执法部门正在编制本部门的权责清单，对每项行政职权逐一编制外部、内部行政职权流程图，全面推进行政执法职权运作的公开化、透明化。

（四）加强常态监管

深圳市监察局在全国率先建成了行政执法电子监察系统，该系统从执法主体、执法程序、执法时限、扣押物品、执法裁量等关键要素入手，对行政执法行为进行全程、实时、刚性监察。该系统功能不断优化，与全市行政执法部门的案件业务系统实现了实时对接，并且每季度按行政执法评价标准，对全市行政执法部门的执法案件办理情况进行绩效测评，测评结果直接纳入市政府绩效评估系统。同时，市法制办配合监察部门建立了案件联合监督检查机制，共同开展行政执法案卷的日常评查，以系统自动发现的异常信息为线索，对行政执法案卷随时进行抽查和符合性验证，实现行政处罚执法行为的常态化、信息化、智能化监管。深圳也在不断优化行政执法电子监察系统，逐步扩大须纳入监察系统的行政执法事项范围，加大实时、留痕监察力度，并将电子监察系统中每季度的绩效测评结果纳入市政府绩效评估系统，促进行政执法行为的依法、规范、高效运行。

第五章　多元共享的社会格局

一、社会转型时期的挑战

党的十八届三中全会通过的《中共中央关于全面深化改革若干重大问题的决定》提出五位一体以及党的建设的综合改革，加强社会建设是非常重要的内容之一。当前，国内社会领域积累的矛盾和挑战十分突出，在社会保障、教育、医疗、就业等方面的城乡差距、发达地区与落后地区差距、同城差距依然存在。

党的十九大报告指出，要提高保障和改善民生水平，加强和创新社会治理。全党必须牢记，为什么人的问题，是检验一个政党、一个政权性质的试金石。带领人民创造美好生活，是我们党始终不渝的奋斗目标。必须始终把人民利益摆在至高无上的地位，让改革发展成果更多更公平惠及全体人民，朝着实现全体人民共同富裕不断迈进。

保障和改善民生要抓住人民最关心最直接最现实的利益问题，既尽力而为，又量力而行，一件事情接着一件事情办，一年接着一年干。坚持人人尽责、人人享有，坚守底线、突出重点、完善制度、引导预期，完善公共服务体系，保障群众基本生活，不断满足人民日益增长的美好生活需要，不断促进社会公平正义，形成有效的社会治理、良好的社会秩序，使人民获得感、幸福感、安全感更加充实、更有保障、更可持续。

十九大报告还指出，要打造共建共治共享的社会治理格局。加强社会治理制度建设，完善党委领导、政府负责、社会协同、公众参与、法治保障的社会治理体制，提高社会治理社会化、法治化、智能化、专业化水平。加强预防和化解社会矛盾机制建设，正确处理人民内部矛盾。树立安全发展理念，弘扬生命至上、安全第一的思想，健全公共安全体系，完善安全生产责任制，坚决遏制重特大安全事故，提升防灾减灾救灾能力。加快社会治安防控体系建设，依法打击和惩治黄赌毒黑拐骗等违法犯罪活动，保护人民人身权、财产权、人格权。加强社会心理服务体系建设，培育自尊自信、理性平和、积极向上的社会心态。加强社区治理体系建设，推动社会治理重心向基层下移，发挥社会组织作用，实现政府治理和社会调节、居民自治良性互动。

二、创新型开放式现代教育体系

十九大报告指出，要优先发展教育事业。建设教育强国是中华民族伟大复兴的基础工程，必须把教育事业放在优先位置，深化教育改革，加快教育现代化，办好人民满意的教育。要全面贯彻党的教育方针，落实立德树人根本任务，发展素质教育，推进教育公平，培养德智体美全面发展的社会主义建设者和接班人。推动城乡义务教育一体化发展，高度重视农村义务教育，办好学前教育、特殊教育和网络教育，普及高中阶段教育，努力让每个孩子都能享有公平而有质量的教育。完善职业教育和培训体系，深化产教融合、校企合作。加快一流大学和一流学科建设，实现高等教育内涵式发展。健全学生资助制度，使绝大多数城乡新增劳动力接受高中阶段教育、更多接受高等教育。支持和规范社会力量兴办教育。加强师德师风建设,培养高素质教师队伍,倡导全社会尊师重教。办好继续教育,加快建设学习型社会,大力提高国民素质。

深圳以深化教育综合改革为重点,加快构建创新型开放式现代城市教育体系,完善基础教育均衡优质发展长效机制,鼓励社会力量兴教办学,不断提升教育基本公共服务水平,努力让群众享有更优质的教育。市教育局荣获中央教科院颁发"综合改革优秀案例奖";改革项目"学前教育公益普惠发展模式",荣获深圳"金鹏改革创新奖"政府类提名奖。

(一)优化顶层设计,出台综合改革方案

抓住新一轮教育改革机遇,深圳从2014年2月开始积极申报国家教育综合改革试验区,编制和修改完善《深圳市深化教育领域综合改革方案(2015—2020年)》(以下简称《综改方案》)。2015年11月6日,国家教育体制改革领导小组办公室同意《综改方案》备案实施。深圳成为继"一市两校"(上海市和北京大学、清华大学)之后,获准《综改方案》备案实施的唯一副省级城市。《综改方案》坚持综合改革与重点突破相结合、促进公平与提高质量相结合、服务国家战略与凸显城市特色相结合的原则,明确了未来5年深圳教育改革发展的总纲领和路线图,为加快推进教育现代化提供了新的改革平台与发展动力,将促进教育事业在重要领域和关键环节改革上取得突破,实现教育治理体系和治理能力现代化水平显著提升,建立结构合理、公平优质、保障有力、充满活力的创新型开放式现代城市教育体系,到2020年,形成深圳教育发展新格局、教育改革新优势和教育质量新品牌,探索全面建成小康社会的教育发展新路径,为全国贡献新经验。

（二）高等教育开放式国际化发展获重要突破

高等教育水平，很大程度上决定一个城市的竞争力能达到何种高度。作为国内一线城市，高等教育一直是深圳发展中的"短板"。从高校数目和城市人口数的比例来看，深圳远低于上海、北京、香港，教育基础还不够雄厚。近年来，深圳在拉长教育这块短板上奋起直追，走出了一条改革创新之路，追求规模和质量并驾齐驱。在2010年深圳经济特区建立30年时，深圳还只有深圳大学、暨南大学深圳旅游学院两所本科院校。从2000年创建深圳大学城，引进一流名校进驻深圳办研究生教育，到近年来积极推进高等教育合作办学、建设特色学院，作为改革试验田的深圳，从未放弃探索适合自己的高等教育发展之路，力争逐步构筑学科门类多样、人才培养定位不同的高等教育体系，不断满足市民的教育需求，持续提升城市竞争力。

2015年，深圳北理莫斯科大学获批筹建，中山大学深圳校区获批建设，哈工大（深圳）国际设计学院签署合作办学协议，深圳墨尔本生命健康工程学院签署合作办学协议，华南理工–罗格斯大学深圳创新学院签署合作办学备忘录，哈尔滨工业大学（深圳）校园建设和办学筹备加快推进。深圳大学新增6个专业进入一本招生，3个学科项目入选广东省高水平大学重点学科群建设项目。南方科技大学入选广东省高水平理工科大学建设计划，2015年在校生规模达到2100人，实现阶段办学目标。香港中文大学（深圳）2015年新增5个本科专业，招生规模扩大一倍超过900人，完成首批研究生招收。清华–伯克利深圳学院、湖南大学罗切斯特理工设计学院（深圳）2015年完成首批招生。启动深圳技术大学筹建工作[①]。

---

① 深圳技术大学已于2017年秋季迎来首批学生。——编者注

（三）现代城市职业教育体系加快构建

着力打造具有国际先进水平的现代城市职业教育体系。举办中德职业教育论坛及首期职业院校海外培训班，努力借鉴国际职业教育先进办学经验。全民素质提升计划及国家示范校、骨干校建设顺利推进，深圳信息职业技术学院顺利通过省级验收，市第一职业技术学校被教育部确定为首批现代学徒制试点学校。成立南山职业教育集团，全市职业教育集团已达7个。新增28个职业教育实训基地，提供2200多个实训岗位。成功举办2015年终身学习周及首届职业教育活动周，并得到教育部充分肯定。40个社区被评为学习型社区，批准设立深圳市公益学院、社会工作学院，填补了我市公益学院的空白。据了解，深圳市已起草《关于加快建设现代职业教育体系的意见》和《深圳市职业教育改革发展"十三五"规划（2015—2020年）》[①]，积极推进"双元制"和"现代学徒制"等培养模式试点。

（四）完善学前教育改革发展路径

"创新学前教育公共服务模式，走公益普惠发展新路径"项目获"金鹏改革创新奖"提名奖。深圳市学前教育发展模式是政府办教育、管教育方式改革创新的有益探索。自2012年以来，创新学前教育公共服务供给方式，走出了学前教育公共服务的"深圳路径"，即以公益性为核心，以普惠性幼儿园为主体，以财政定向奖补为调控方式，引导幼儿园规范、普惠、优质发展，构建起广覆盖、保基本、有质量的学前教育公共服务体系。学前教育发展行动计划实施以来，改革发展成效明显，初步建立起学前教育成本合理分担机制

---

① 均已在2017年发布。

和公共资源合理配置机制，学前教育队伍稳定性和幼儿园办学质量实现双提升。2015年学前教育二期行动计划发布实施，财政专项投入8.13亿元，加力提升学前教育公益性和普惠性。全年新增普惠性幼儿园234所，累计建成825所，约占全市幼儿园总数的56%。大力推进优质特色示范园建设，创建首批60所示范幼儿园。财政核拨5670万元，奖励189所优质办学幼儿园和通过市一级评估的幼儿园。出台《深圳市幼儿园保教人员继续教育管理办法》，对保教人员继续教育给予每人每年1300元的补助，开展全市幼儿园教师专业能力"大练兵"，3万多名幼儿园教师开展专业能力达标考核。启动学前教育骨干教师队伍建设"苗圃工程"，推出首批138名学前教育名师。"家园共育公益指导计划"实施，42个项目集聚社会优质早教资源，广泛辐射社区，惠及家长和幼儿。

（五）支持民办教育优质特色发展

深化教育体制改革，增加教育方面公共服务供给离不开创新公共服务提供方式，支持和规范民办教育发展，鼓励社会力量和民间资本提供多样化教育服务。充分调动社会力量和民间资本参与教育的积极性，实现民办教育的更高水平发展，才有可能解决深圳教育资源不均衡、教育资源相对匮乏的难题，为社会提供更加多样化的优质教育服务。深圳市政府2015年继续加强对民办教育的支持扶持政策，财政斥资9.2亿元，按每个班10万元标准发放民办中小学设备设施专项补助经费，着力引导、支持与鼓励民办教育优质特色发展，得到家长、教师、学校的广泛赞许，此举获得南方都市报2015年度"最佳教育民生实事"奖。恢复义务教育民办学校审批，修订《深圳市民办中小学设置标准》，吸引新一轮社会资金投入。实施公办民办高中结对帮扶工程，13所民办高中受益。此外2.4万多名民办中小学专任教师享受到每人每年1300元的继续教育补贴, 全年民办教育专项投入达19.5亿元。2016年5月, 深圳市政府发布《关于鼓励社会力量兴办教育加快民办学校优质特色发展的意见》征求意见稿。

三、医药卫生管理体制改革

党的十八届三中全会通过的《中共中央关于全面深化改革若干重大问题的决定》指出, 要深化医药卫生体制改革。统筹推进医疗保障、医疗服务、公共卫生、药品供应、监管体制综合改革。深化基层医疗卫生机构综合改革, 健全网络化城乡基层医疗卫生服务运行机制。加快公立医院改革, 落实政府责任, 建立科学的医疗绩效评价机制和适应行业特点的人才培养、人事薪酬制度。完善合理分级诊疗模式, 建立社区医生和居民契约服务关系。充分利用信息化手段, 促进优质医疗资源纵向流动。加强区域公共卫生服务资源整合。取消以药补医, 理顺医药价格, 建立科学补偿机制。改革医保支付方式, 健全全民医保体系。加快健全重特大疾病医疗保险和救助制度。完善中医药事业发展政策和机制。

党的十九大报告指出, 要实施健康中国战略。人民健康是民族昌盛和国家富强的重要标志。要完善国民健康政策, 为人民群众提供全方位全周期健康服务。深化医药卫生体制改革, 全面建立中国特色基本医疗卫生制度、医疗保障制度和优质高效的医疗卫生服务体系, 健全现代医院管理制度。加强基层医疗卫生服务体系和全科医生队伍建设。全面取消以药养医, 健全药品供应保障制度。坚持预防为主, 深入开展爱国卫生运动, 倡导健康文明生活方式, 预防控制重大疾病。实施食品安全战略, 让人民吃得放心。坚持中西医并重, 传承发展中医药事业。支持社会办医, 发展健康产业。促进生育政策和相关经济社会政策配套衔接,加强人口发展战略研究。积极应对人口老龄化,构建养老、孝老、敬老政策体系和社会环境,推进医养结合,加快老龄事业和产业发展。

深圳一直是改革开放的前沿阵地,这座因创新而生的城市,在医疗卫生领域的改革同样大刀阔斧。

(一)深入推进公立医院综合改革

2015年,深圳市政府发布《深圳市深化公立医院综合改革实施方案》,明确了之后3年我市公立医院改革的25项重点任务,提出了4大类23项重点改革指标。引进南方医科大学、中国医学科学院肿瘤医院等名校名院负责运营管理新建市属医院,实行所有权与经营权分离,全面落实医院运营管理自主权。罗湖区建立公立医院理事会,成立医院集团。宝安区成立中医院集团。宝安区、福田区启动公立医院法人治理结构改革试点,推动公立医院编制人事制度改革。出台了《深圳公立医院人事制度综合配套改革指导方案》,创新公立医院编制和人力资源管理方式,完善岗位管理、工资分配、绩效考核等人事管理制度。实施《关于深圳公立医院实施人事制度综合配套改革后若干问题的意见》《适用原常设岗位工作人员养老和福利制度人员的标准》《深圳市公立医院运营管理绩效评价指导意见》《深圳市医疗机构卫生专业技术人员评价指导意见》《深圳市医疗机构卫生专业技术人员评价指导意见》,配套推进公立医院人事制度综合改革。完善公立医院财政补偿机制。在市属医院,福田、南山、龙华等区属医院建立"以事定费、购买服务、专项补助"的财政补助新机制,财政补助经费与人员编制脱钩,与工作量、工作质量和群众满意度挂钩。2015年,全市公立医院的财政补助收入占其总收入的比例达到23%以上。实施了《深圳市公立医院总会计师和财务总监管理办法》。推进医疗服务价格改革。在2012年全面取消公立医院药品加成费用并同步提高诊查费的基础上，起草了医疗服务价格改革整体改革方案，将降低药品、耗材、大型设备检查价格，提高体现医务人员技术性服务项目价格；同时，进一步推进基本医疗服务"打包付费"、家庭医生服务"打包付费"改革。

（二）完善医疗保障服务体系

提高医保保障水平，实施大病保险制度。2015年开始，实施《深圳市重特大疾病补充医疗保险试行办法》，由商业保险公司承保，保费标准为每人每年20元。对参保人经基本医保支付后须由个人自付的部分，累计超过1万元的，超出部分由承办机构支付70%；参保人患重特大疾病使用规定目录内药品所发生的费用，由承办机构支付70%，最高限额15万元。推动支付制度改革。在全市公立医院实行与总额预付、信用等级评定相衔接的按单元、按病种、按人头、按项目等复合式医保支付方式。2015年，按病种支付的病种数达118个。在香港大学深圳医院开展医疗保险总额预付试点改革。推进与分级诊疗相结合的医保支付制度改革。完善疾病救助机制。施行《深圳市疾病应急救助基金管理办法》，将市、区红十字会管理的医疗救助专项资金整合，并通过财政投入和社会各界捐助等途径筹集，设立了2700万元疾病应急救助基金，资助在突发意外事件中因身份不明、无能力支付医疗费用的患者得到及时有效治疗。

（三）促进社会办医加快发展

完善配套政策措施。出台了《关于鼓励社会资本举办三级医院财政扶持政策的实施细则》，向获评为三甲医院的平乐骨伤科医院兑现了2000万元奖励经费。印发了《深圳市医师执业注册和管理方式改革实施方案》，全市3万多名执业医师实现了区域注册。引导社会力量参与医疗模式改革。研究制定了《深圳市引导社会力量推动医疗模式改革和优化医疗资源结构的政策措施》，支持社会力量举办高水平三级医院、专科医院和社康中心，参与医疗服务模式改革。2015年新增社会办医院6家，建成2家社会力量办的名（中）医诊疗中心，"医疗＋互联网""医疗＋健康管理"等新业态呈现发展新局面。拓展社会办医发展空间。在编制未来五年医疗机构设置规划中，按照不低于10000张床位规模，为社会力量办医预留发展空间。加快了龙华片区等3个社会办医规划用地整备工作，于2014年8月首次挂牌出让医疗用地使用权。

（四）推进分级诊疗体系建设

提升基层医疗服务水平，进一步健全分级诊疗体系。在三级医院设立全科医学科，负责协调医院 – 社康中心的双向转诊工作。启动了医疗卫生资源状况以及居民医疗健康需求基线调查和分析工作，草拟了2016—2020年医疗机构设置规划。完成加强社康中心能力建设、推进分级诊疗体系建设、发展完善家庭医生服务等配套方案的编制工作。深化基层运行机制改革。2015年，市卫生计生委、财政委和人力资源保障局等5部门联合印发《深圳市公立医院运营绩效评价指导意见》，将公立医院支持社康中心建设、推进分级诊疗等纳入考核范围，考核结果和医院财政补助、医保奖励、医院领导班子管理挂钩。完善了社康中心绩效评价制度，评价结构与基本公共卫生服务项目补助经费挂钩。南山、福田、宝安、龙华等区建立了家庭医生服务经费补偿机制。

四、社会组织管理体制改革

党的十八届三中全会通过的《中共中央关于全面深化改革若干重大问题的决定》指出，要激发社会组织活力。正确处理政府和社会关系，加快实施政社分开，推进社会组织明确权责、依法自治、发挥作用。适合由社会组织提供的公共服务和解决的事项，交由社会组织承担。支持和发展志愿服务组织。限期实现行业协会商会与行政机关真正脱钩，重点培育和优先发展行业协会商会类、科技类、公益慈善类、城乡社区服务类社会组织，成立时直接依法申请登记。加强对社会组织和在华境外非政府组织的管理，引导它们依法开展活动。

十九大报告也提出，要加强社区治理体系建设，推动社会治理重心向基层下移，发挥社会组织作用，实现政府治理和社会调节、居民自治良性互动。

十九届三中全会审议通过的《中共中央关于深化党和国家机构改革的决定》指出，要推进社会组织改革。按照共建共治共享要求，完善党委领导、政府负责、社会协同、公众参与、法治保障的社会治理体制。加快实施政社分开，激发社会组织活力，克服社会组织行政化倾向。适合由社会组织提供的公共服务和解决的事项，由社会组织依法提供和管理。依法加强对各类社会组织的监管，推动社会组织规范自律，实现政府治理和社会调节、居民自治良性互动。

深圳市的社会组织发展迅速，近年来，我市在社会组织管理体制方面实施了很多重要举措，取得丰硕成果，管理观念、管理手段和管理机制均处于全国领先水平。

一是稳步推进社会组织管理制度改革，积极营造法制健全、政策完善、待遇公平的社会组织发展环境。

二是积极推动社会组织有关立法。制定《深圳市社会组织信息公开指引（试行）》《关于构建社会组织综合监管体制的意见》《深圳市社会组织发展专项奖励资金管理办法》《深圳市承接政府转移职能和购买服务社会组织推荐目录编制管理办法》《深圳市社会组织承接政府职能转移监管办法》《深圳市民政局社会组织名称管理规定（草案）》《关于加强异地商会党建工作的意见（试行）》等一系列法规政策。启动了社会组织立法调研工作，向全社会发出"英雄帖"，公开征集优秀《深圳经济特区社会组织条例（草案）》和立法建议，"开门立法"活动得到社会各界的广泛关注和积极参与。

三是深化登记管理体制改革。进一步优化了社会组织行政审批程序，放宽了社会组织名称申报登记限制，适度放开了校友会登记，继续推进社会组织直接登记，对工商经济类、社会福利类、慈善公益类、社会服务类、文娱类、科技类、体育类和生态环境类等8类社会组织实行直接登记。截至2015年12月31日，直接登记的社会组织数量为2253家，占全市社会组织总数的22.31%。此外，创设了社会组织首任法人代表见面谈话制度。

四是探索构建综合监管体系。深圳市民政局与社工委联合印发了《关于构建社会组织综合监管体制的意见》，建立健全综合监管联席会议、部门联合执法、行政监管信息共享、社会组织违法违规案件移送等工作机制，在各部门间打造对社会组织人员、活动、资金等的完整监管链条，构建"四位一体"综合监管体系。在监管方面，从"重登记轻管理"向"易登记重管理"，从"事后被动式处理"向"事前主动式检查"，从"运动化整治"向"常态化监管"转变。

五是加大对社会组织的培育扶持力度。政府为社会组织让渡空间，在2013年和2014年公布了两批共计336家具备承接政府职能转移的市级社会组织的基础上，2015年，按照年检和抽检结果，对第一、第二批目录做出调整，共有140家符合资质的社会组织编入第三批具备承接政府职能转移的市级社会组织目录，全市具备资格承接政府职能转移的市级社会组织共有444家。政府制定了社会组织分类培育发展清单，建立了市、区、街道、社区四级联动、功能有别的社会组织孵化基地集群，仅市、区两级就有15个社会组织孵化基地投入运营。同时，与国税、地税部门建立"三方合作机制"，联合认定享有免税资格的非营利组织478家，具有公益性捐赠税前扣除资格的公益组织71家。

在改革发展过程中，深圳社会组织特色鲜明。一是社会组织数量持续快速增长。截至2015年12月31日，全市共有社会组织10100家，2012—2015年全市社会组织数量年均增长率约20%。全市平均每万人拥有社会组织近8家，提前半年完成"十二五"规划目标。二是社会组织结构日趋合理。初步形成了门类齐全、层次不同、功能互补、覆盖广泛、特色明显，与深圳经济社会发展相适应的社会组织体系，在经济、政治、文化、社会、生态等各个领域发挥了积极作用，形成了政府社会"协同治理"的新格局。涌现出光启高等理工研究院等一批跻身全球领先水平的科研机构，这些民办科研机构作为科技领域的"第三支力量"，既有公办科研机构的责任担当，又有企业办科研机构的灵活高效，呈现出集群优势和成效，未来发展不可限量，有力地推动科技体制深化改革和科技新生态的形成。三是社会组织作用发挥日益凸显。在促进产业升级、规范市场秩序、提供公共服务、创新社会治理等方面发挥了积极作用。

五、深化文化管理体制改革

党的十八届三中全会审议通过的《中共中央关于全面深化改革若干重大问题的决定》指出，要紧紧围绕建设社会主义核心价值体系、社会主义文化强国深化文化体制改革，加快完善文化管理体制和文化生产经营机制，建立健全现代公共文化服务体系、现代文化市场体系，推动社会主义文化大发展大繁荣。

为此，需要完善文化管理体制。按照政企分开、政事分开原则，推动政府部门由办文化向管文化转变，推动党政部门与其所属的文化企事业单位进一步理顺关系。建立党委和政府监管国有文化资产的管理机构，实行管人管事管资产管导向相统一。

党的十九大报告指出，要推动文化事业和文化产业发展。满足人民过上美好生活的新期待，必须提供丰富的精神食粮。要深化文化体制改革，完善文化管理体制，加快构建把社会效益放在首位、社会效益和经济效益相统一的体制机制。完善公共文化服务体系，深入实施文化惠民工程，丰富群众性文化活动。加强文物保护利用和文化遗产保护传承。健全现代文化产业体系和市场体系，创新生产经营机制，完善文化经济政策，培育新型文化业态。广泛开展全民健身活动，加快推进体育强国建设，筹办好北京冬奥会、冬残奥会。加强中外人文交流，以我为主、兼收并蓄。推进国际传播能力建设，讲好中国故事，展现真实、立体、全面的中国，提高国家文化软实力。

党的十八届三中全会以来，深圳市高度重视文化改革发展，制定了《深圳文化创新发展2020（实施方案）》作为"十三五"期间文化改革发展的总抓手，注重打基础、利长远，明确提出加快构建以社会主义核心价值观为引领的城市精神体系、以国际先进城市为标杆的文化品牌体系、以媒体融合发展为标志的现代文化传播体系、以市民精神文化需求为导向的公共文化服务体系和以质量型内涵式发展为特征的现代文化产业体系等"五大体系"，采取一系列切实可行、具体实在的措施，对症下药、攻坚克难、补齐短板，全面提升深圳文化的综合实力，努力建设与现代化国际化创新型城市和国际科技、产业创新中心相匹配的文化强市。

深圳市文化体制改革和发展工作领导小组会议先后审议通过并印发《深圳文化创新发展2020（实施方案）》《深圳市推动传统媒体和新兴媒体融合发展若干举措》《关于加快构建现代公共文化服务体系的实施意见》《深圳市深化国有文艺院团体制改革实施方案》等改革文件。文化领域深化改革成效显著。

（一）深化国有文化集团改革

1. 推进三大文化集团深化改革

2016年6月，深圳报业、广电集团深化改革总体方案经市委常委会审议通过，9月，出版发行集团改革方案经市政府常务会审议通过。经过近一年的抓紧组织实施，2017年年中，部分工作已取得实质性进展。瘦身发展方面，报业集团领导班子职数从17名减至11名，减幅达35%，广电集团领导班子职数由13名减至9名，减少31%；报业集团已完成总部人事改革目标，总部部门减少40%，中层干部减少40.3%，员工减少22.7%，集团传统采编人员向新媒体领域转岗分流11.5%，注销清理4家"僵尸企业"；广电集团按照5年缩减员工规模15%的目标，整体减少员工263人，约占4%，下属企业"8并4停"稳步推进，并继续推进亏损企业关停并转。建立现代企业制度方面，报业集团控股公司加快推进由全民所有改为国有独资有限责任公司，深圳新闻网于2017年6月正式挂牌上市，报业集团与深圳地铁集团成功组建由报业控股的地铁传媒合资公司，打造了未来较为稳定的经济增长点；广电集团组建前海天和文化产业投资基金，并获得财政部5000万元出资，深圳文交所创新开展"文化四板"业务；深圳出版发行集团（现深圳出版集团）加快推进特区外书城、异地书城、书吧建设，已建成运营23家书吧，集团所属书城投控公司积极推进实施员工持股改革。媒体融合发展方面，广电集团全媒体新闻指挥中心投入运行，报业、广电旗下的"读特""读创"、深圳ZaKer、"@深圳""壹深圳"等新媒体客户端成功推出，掌上书城、全民阅读App成功上线。

与改革方案相配套，深圳市委市政府决定从2015年至2020年，每年由市财政安排深圳报业集团、广电集团各获得1亿元补助资金，并制定了《补助资金管理办法》，规定资金主要用于支持两个集团传统媒体改革、舆论阵地建设、媒体融合发展和精兵简政、"瘦身"发展等重点改革项目。2015至2017年上半年共5亿元补助资金划拨至深圳报业、广电集团。同时，支持深圳出版发行集团"一区一书城"建设，提升公共文化服务能力，明确由市政府和集团按照1:1比例承担项目总投资，预计深圳未来五年还将建设3—5座书城综合体。

2. 完善国有文化资产监管体制

按照简政放权的思路，对市属国有文化资产监督管理"1+7"文件进行逐一修订。其中，重点对《深圳市属国有文化集团投资管理暂行规定》做出修订，并于2015年底印发实施，进一步扩大深圳报业、广电、出版发行三大集团经营自主权。修订前，三大集团及所属企业凡投资设立新的企业，以及投资额在集团净资产10%以上或绝对金额5000万元以上的项目，均须报批；修订后，除了五种特殊情况以外，无论投资额大小以及是否为新设立企业，均由集团自行研究决策。经测算，国有文化集团须报市委宣传部和市国资委审批的投资项目减少90%以上。国有文化资产监督管理体制改革工作，深圳因探索早、起点高、成效好,得到了上级充分肯定和社会广泛好评。2017年2月,《深圳市探索建立市属文化集团两个效益相统一的考核评价制度》作为全省2个项目之一,入选中宣部《典型经验选编》(学习出版社)一书。

(二)深化国有文艺院团改革

制定了《深圳市深化国有文艺院团体制改革实施方案》及相关配套方案,改革明确"一团一策",包括做优深圳交响乐团、扶持深圳粤剧团、筹办深圳歌舞剧院,提升深圳大剧院、深圳音乐厅、深圳戏院的运营管理水平和服务功能,探索与文艺团体优势互补、统一管理的新路子等,确保文艺院团做优做强,实现可持续发展。

(三)构建现代公共文化服务体系

一是于2015年4月成立公共文化服务体系建设协调组,由市文体旅游局牵头联合市委宣传部、市编办等19个部门组成,制定了议事规则、成员单位职责等制度,深圳成为广东省第一个建立公共文化服务体系建设协调机制的城市。

二是建立现代公共文化服务标准体系,于2016年6月制定《关于加快构建现代公共文化服务体系的实施意见(2016—2020年)》及其实施标准;推进总分馆制及馆站联盟建设,将全市242家公共图书馆及240台自助图书馆纳入统一平台,"图书馆之城"一体化服务不断深化;创新打造"一站式"数字文化馆服务平台、"深圳市公共文化艺术资源数据库"、市民文化点送平台等,实现文化供需对接;探索公共文化绩效评估制度,推出深圳文化质量指数指标体系。

三是加快完善公共文体设施网络,将深圳美术馆、深圳文化馆新馆、图书馆调剂书库、自然博物馆、青少年足球训练基地等市级重大文体设施项目分别布局在龙岗、光明、龙华等地，规划建设深圳书城龙岗城、光明城、龙华城等；加强区级文体设施建设，2016年已有11个区级文体设施项目纳入全市12项重大民生工程，总投资达62亿元，其中，坪山区文化综合体、龙岗"三馆"（科技馆、青少年宫、公共艺术馆）、宝安区青少年宫、南山文化馆等6个项目已开工建设；推进基层综合性文化服务中心建设，计划到2018年年底，全市全面完成原有街道和社区的综合性文化服务中心建设，实现一街道一中心，一社区一中心。

四是推进公共文化服务供给多元化，制定《向社会力量购买公共文化服务指导性目录》和《深圳市鼓励社会资本捐助公益文化体育事业实施办法》，2016年市级财政投入2350万元，向社会购买460场公益文化活动及1.2万场公益电影；引进有实力的社会组织和企业参与运营管理和文化服务，如深圳湾体育中心、南山文体中心剧院等公共文化场馆引入社会力量运营，联系中国移动、招商银行等知名企业为各类文化活动提供资助；制定出台《深圳市文化志愿服务促进办法》，成立深圳市文化志愿服务总队，在全市构建市、区、街道、社区四级文化志愿服务网络体系；推出《深圳经济特区全民阅读促进条例》，于2016年4月1日正式施行，为全民阅读提供法律保障。

深圳市公共文化服务体系建设卓有成效，得到上级充分肯定。2015年7月，中宣部、文化部在上海召开"创新公共文化服务体系运行机制经验交流会"，深圳市委宣传部长李小甘代表深圳在会上发言介绍经验做法。福田区于2016年5月通过文化部验收，成功创建为第二批"国家公共文化服务体系示范区"，罗湖区"09剧场（《军哥剧说》系列）"入选第三批"创建国家公共文化服务体系示范项目"，宝安区"文化春雨行动"被评为"全国基层文化志愿服务示范项目"及"国家文化创新工程立项项目"。宝安区"文化春雨行动与公共文化服务社会参与机制创新"、南山区"公共文化服务社会化运作"、罗湖区"09剧场（《军哥剧说》系列）"等3个项目被广东省文化厅列入"第一批创建省级公共文化服务体系示范项目"，目前均已达到中期建设目标。

（四）构建城市文化品牌体系

近年来，深圳文化建设从弱到强，取得了长足进步，但与国际大都市相比，重大文化节庆活动的数量和质量差距明显，如伦敦大型常设性文化节庆高达200个，中国香港有近50个，北京、上海都有20多个，而深圳只有10个左右。为此，宣传文化部门策划创办了一批新的国际性、国家级的品牌活动，目前已经有了实质性进展。2016年9月，举办首届深圳（国际）科技影视周，2017年3月举办"一带一路"国际音乐季、4月举办深圳设计周，接下来还将推出国际摄影大展、中国图片大赛等一批新的国际化、标志性品牌文化活动。这些活动是落实国家战略、符合深圳实际并顺应公共文化服务需求、产业发展需求而创办的，带有浓厚的特区文化元素。有了这些新的品牌活动，连同已有的"关爱行动""文博会""高交会""读书月""创意12月"、中国国际新媒体短片节、深圳时装周、WTA深圳国际女子网球公开赛、中国杯帆船赛等，将建立起一个"月月有主题，全年都精彩"的"城市文化菜单"，加快提升深圳的国际化城市形象和影响力。

（五）构建现代文化产业体系

以质量型内涵式发展为目标，以"文化+"为路径模式，以文化创意产业专项资金为抓手，以文博会等国家级平台为载体，大力推动产业跨越式发展。积极推动文博会、深圳文交所、中国文化产业投资基金、国家对外文化贸易基地、广东国家数字出版基地（深圳园区）等国家级平台建设，初步形成了文化要素市场、产品市场和服务市场相互衔接、产业链条较为完整的现代文化产业体系。2016年第十二届文博会实际成交额2032亿元，出口额177亿元。2016年，全市文化创意产业增加值1949.7亿元，同比增长11%，占全市地区生产总值的10%。

（六）健全舆论监督和互联网管理体制机制

作为"最互联网"城市，深圳舆情环境特殊，在健全舆论监督和互联网管理方面做了大量有益探索。完善互联网管理领导体制和机构建设，有条件的区逐步建立健全网络安全和信息化工作机构，龙岗区、盐田区、南山区先后成立了区级机构，其他区正在抓紧筹备中。健全网络舆情应对工作体系，于2015年9月改造提升原有"网络应急管控指挥中心"，建成集新闻宣传、新闻发布、舆情监测等功能于一体的"深圳市舆情应对综合协调中心"。制定《深圳市重大舆情应对工作方案》，成立重大舆情应对处置领导小组，建立舆情信息互通机制和网络舆情应对考核机制。2016年起，"舆情应对"正式纳入政府职能部门和各区绩效评估指标体系。出台《进一步健全舆情快速反应处置工作机制的实施方案》，从队伍、机制、保障等方面入手，整合宣传部和网信系统舆情队伍，精细管理、分网把守、各盯一片，切实提高舆情发现力、研判力和处置力。

第六章　新时代新起点：
深圳全面深化改革的展望

一、党的十九大，改革新征程

中国共产党第十九次全国代表大会，是在全面建成小康社会决胜阶段、中国特色社会主义进入新时代的关键时期召开的一次十分重要的大会。大会的主题是：不忘初心，牢记使命，高举中国特色社会主义伟大旗帜，决胜全面建成小康社会，夺取新时代中国特色社会主义伟大胜利，为实现中华民族伟大复兴的中国梦不懈奋斗。

经过长期努力，中国特色社会主义进入了新时代，这是我国发展新的历史方位。中国特色社会主义进入新时代，意味着近代以来久经磨难的中华民族迎来了从站起来、富起来到强起来的伟大飞跃，迎来了实现中华民族伟大复兴的光明前景。这个新时代，是承前启后、继往开来、在新的历史条件下继续夺取中国特色社会主义伟大胜利的时代，是决胜全面建成小康社会、进而全面建设社会主义现代化强国的时代，是全国各族人民团结奋斗、不断创造美好生活、逐步实现全体人民共同富裕的时代，是全体中华儿女勠力同心、奋力实现中华民族伟大复兴中国梦的时代，是我国日益走近世界舞台中央、不断为人类作出更大贡献的时代。中国特色社会主义进入新时代，我国社会主要矛盾已经转化为人民日益增长的美好生活需要和不平衡不充分的发展之间的矛盾。

党的十八大以来，中央反复强调，改革开放是决定当代中国命运的关键一招，也是决定实现"两个一百年"奋斗目标、实现中华民族伟大复兴的关键一招，实践发展永无止境，解放思想永无止境，改革开放也永无止境，停顿和倒退没有出路，改革开放只有进行时、没有完成时。[①]

党的十九大报告指出，过去五年的工作，"全面深化改革取得重大突破。蹄疾步稳推进全面深化改革，坚决破除各方面体制机制弊端。改革全面发力、多点突破、纵深推进，着力增强改革系统性、整体性、协同性，压茬拓展改革广度和深度，推出一千五百多项改革举措，重要领域和关键环节改革取得突破性进展，主要领域改革主体框架基本确立。中国特色社会主义制度更加完善，国家治理体系和治理能力现代化水平明显提高，全社会发展活力和创新活力明显增强"。关于新时代中国特色社会主义思想和基本方略，报告指出，"明确全面深化改革总目标是完善和发展中国特色社会主义制度、推进国家治理体系和治理能力现代化"，为此要"坚持全面深化改革。只有社会主义才能救中国，只有改革开放才能发展中国、发展社会主义、发展马克思主义。必须坚持和完善中国特色社会主义制度，不断推进国家治理体系和治理能力现代化，坚决破除一切不合时宜的思想观念和体制机制弊端，突破利益固化的藩篱，吸收人类文明有益成果，构建系统完备、科学规范、运行有效的制度体系，充分发挥我国社会主义制度优越性。"

[①] 习近平. 关于《中共中央关于全面深化改革若干重大问题的决定》的说明（2013年11月15日）

　　在党的十九届一中全会上，习近平总书记强调，党的十九大围绕党和国家事业发展新要求，对全面深化改革提出了新任务。全党同志必须牢记，改革开放是决定当代中国命运的关键一招，也是决定实现"两个一百年"奋斗目标、实现中华民族伟大复兴的关键一招。

　　在中央全面深化改革委员会第二次会议上，习近平总书记指出，党的十九届三中全会以来，中央和国家机关机构改革取得重大进展，要注意边实践、边总结，把好经验运用好，周密组织地方机构改革，使中央和地方机构改革在工作部署、组织实施上有机衔接、有序推进，确保深化党和国家机构改革取得全面胜利。

二、继续推进全面深化改革的着力点

（一）寻找全面深化改革的新动力

1. 强化民营企业在深圳经济中的主力军地位

　　激发各类市场主体活力是当前我国全面深化改革、加快完善现代市场体系的重要内容。党的十八届三中全会提出，必须毫不动摇鼓励、支持、引导非公有制经济发展，激发非公有制经济活力和创造力。改革开放以来，深圳产生了华为等一批生机勃勃的民营企业，民营经济已经成为支撑深圳经济发展的重要支柱力量。截至2018年9月，深圳民营企业185.9万家，占全市企业数量的96.3%。全球500强企业中有7家深圳企业入围，其中6家为民营企业。深圳经济的持续快速发展，正是来自各类市场主体特别是民营企业活力的释放。

　　当前全面深化改革的一大动力来源于各类市场主体特别是民营企业的活力，而后者离不开公平竞争的市场机制。公平竞争是市场经济的基本特征之一,也是现代市场体系完善与否的一个重要标志。现实中,仍然存在制约民营企业发展的不公平竞争现象。要进一步强化民营企业在深圳经济中的主力军地位,就必须为民营企业创造更加公平的市场环境,消除各种隐性壁垒,有效落实好支持民营经济发展的各项政策举措,努力营造法治化、市场化的营商环境。同时,应谨慎出台扶持大型国企、央企在深圳发展的特殊政策,避免形成新的不公平。

2. 激发社会组织的活力和创造力

如何找到全面深化改革的不竭动力,如何激发社会活力和创造力,是我国面临的一个巨大挑战。十八届三中全会提出"要改进社会治理方式,激发社会组织活力";十八届四中全会明确提出"加强社会组织立法","发挥社会组织积极作用"。这实际上是要求政府和社会组织的关系发生重大调整,社会组织要参与到主流社会服务中来,也就是让社会组织成为公共服务和社会治理的主体。社会活力来自两个方面,即企业和社会组织。截至2015年12月底,深圳共有社会组织10100家,2012—2015年全市社会组织数量连续5年保持约20%的增长率,社会组织从业人员达到15万人。这些社会组织在深圳经济、政治、文化、社会、教育等领域发挥了独特的作用,已经成为深圳经济社会发展中一支不容忽视的力量。

当前全面深化改革的另一大动力来源于社会组织。党的十八大以来,习近平总书记围绕全面深化改革作出了一系列精辟论述,明确提出要紧紧依靠人民推动改革,以最大公约数的思想方法研究问题、解决问题,聚合众力、融合众智,就将形成强大的改革合力和持久的改革动力。要发挥社会的活力,最核心的一条就是必须向社会分权。正如社会学者郑永年先生所言,"如果不分权,担心出问题,社会永远成长不起来"。为确保深圳社会领域的改革在全国走在前列,必须让各种政府主办的、民办的社会组织,像企业一样成为主体,发挥社会自我管理、自我约束的功能。

3. 运用"互联网+"重塑全面深化改革的驱动力

随着移动互联网时代互联网渗透率的提高和互联网云端计算能力的显著加强,互联网创新对人民生活和旧体制机制的影响已经逐渐从量变转向质变,尤其是互联网大数据应用正成为推动经济转型发展的新动力和提升政府治理能力的新途径。欧美日韩等几十个国家相继制定了大数据发展战略以及具体的实施政策和行动计划,通过开放政府数据,提高政府透明度,提升政府治理能力和效率。2015年9月国务院印发《促进大数据发展行动纲要》,明确提出依托大数据稳增长、调结构、惠民生,打造精准治理、多方协作的社会治理新模式。广州、沈阳、成都等多个城市先后成立了大数据管理局,统筹公共数据开放,推动产业发展,提升社会治理能力。我国首部大数据地方法规《贵州省大数据发展应用促进条例》于2016年1月发布。打造大数据施政平台,是大势所趋,各地争先恐后,已呈万马奔腾之势,深圳应当有紧迫感。

过去深圳市政府各部门也搞信息化建设,但对实际应用考虑不够,数据库虽然建成,但并没有得到有效利用。一是由于数据资源共享性差,政府各部门普遍缺乏"大数据思维",对部门数据资源垄断,形成信息孤岛,制约了政府的协同管理水平、社会服务效率和应急协调能力。二是政府部门对数据资源的独占性严重,大量的数据资源集中在政府手中,数据开发、应用以及数据咨询市场无法有效运行。由于数据开放程度不足,数据获取不便,数据深度分析工作难以开展,因而对政府管理创新和对科学决策的支持水平有限,对社会公众的服务能力较低。必须认识到,利用大数据提高管理能力不仅是政府管理日常事务的技术路径和技术支撑,也是创新互联网+政府的新型治理模式,是提高政府治理能力现代化的一项重要改革。

4. 以新一轮高水平对外开放增强改革动力

当前,国内外经济形势的深刻变化,对新时期发展开放型经济提出了新的更高要求。从国际情况看,美国等发达国家推动的"跨太平洋伙伴关系协议"(TPP)、"跨大西洋贸易与投资伙伴协定"(TTIP)陆续取得成效。TPP和TTIP旨在去除贸易区内所有关税与非关税贸易障碍,提出了更高的劳动条件、产品原产地规定、环保、政府采购等标准,可以说是当今其他区域一体化协定的升级版。有观点认为,TPP和TTIP生效将树立新的国际经贸规则,中国甚至可能面临需要"二次入世"的格局。从国内情况看,党的十八大、十八届三中全会以来,我国明显加快了构建全方位开放型经济新体制的步伐。例如,通过设立上海、广东等自贸区大胆尝试负面清单管理模式,突破了服务业等一些领域的开放;加快推动"一带一路"建设,成功结束了中韩和中澳自贸区的实质性谈判等。这些重大的开放安排无疑有助于国内经济体制改革进程,并形成开放促改革的新局面。

深圳是我国改革开放的窗口、试验田,因改革而生、因开放而兴。在新的历史时期,深圳要继续勇担国家使命,更加自觉地把深圳开放型经济发展放在全球格局、国内大局中进行统筹谋划,重点围绕放宽外商投资市场准入、落实准入前国民待遇、创新利用外资管理体制、进一步减少负面清单、扩大服务业开放、推进人民币国际化以及加快构建市场化法治化国际化营商环境等改革开放的焦点和难点问题,进一步树立开放视野,努力开创高端引领、枢纽辐射、创新驱动的开放型经济新格局,为我国新时期全面提升开放型经济水平探索出新路子。

（二）全面深化改革应关注的几个重点

1. 持续深化简政放权改革

一是实现简政放权有深层次进展。在目前的情况下，政府的审批项目至少可减掉一半，审批的时间至少可缩减一半，审批效率至少可提高一倍。建议市政府组建专责团队，在市政府主要领导挂帅下，分期分批重新审视现有的政府规章、规范性文件，按照先易后难或者对简政放权有重大影响的规则率先启动修改。为了防止相关部门利益掣肘，可启动外部力量包括管理对象参与修改。比如，政府的《审批制度改革方案》和"负面清单""权力清单""责任清单"三张清单，交由市人大审定，由市人大组织代表和市民参与审批制度改革，并且公布和监督执行，不能只在政府体制内部自我循环。对部分清单和局部审批改革项目，可委托第三方社会组织来审定和评估。

二是实现监管转型上有突破性创新。确立形成法治化监管框架的改革目标，推动市场监管由行政为主向法治监管为主的转变；把"放管结合"落到实处，提升"管"的效率，消除各方面对进一步削减和下放审批权的某些顾虑。以专业化、技术化、标准化为重点创新监管方式，以建立大数据监管系统为抓手，实现精准打击的信息化监管模式，形成协调监管、随机抽查、责任追溯、经营者异常名录、"黑名单"等现代化监管方式。调动包括社会公众、媒体、法律等多方面的力量来加强市场监管，形成全社会的监管合力。

三是以法治规范和限制政府权力。针对当前政府权力过大、运行不规范、效率不够高等问题，要以制定政府权责清单和负面清单为核心规范和限制政府权力，并加大对权责清单和负面清单执行情况的监督检查。要以"法治政府建设指标体系"的考核为抓手规范政府行为，建立量化考核指标体系，完善法治政府建设考核制度，增加法治政府建设考核在政府绩效考核中的比重，建立单位法治政府建设年度报告公开制度，建立单位主要领导考核与单位法治政府建设考核挂钩制度；要通过政府工作流程再造，规范行政权力运作，压缩政府自由裁量权和权力寻租空间，提高政府工作效率，提升各种具体制度实施效果，探索建立定期检视政府工作流程制度，推进政府工程流程的不断修正。

2. 加快推进供给侧结构性改革

一是降低供给端成本，全面激活生产要素。2014年经济合作与发展组织（OECD）在发布的《中国：推进包容性增长的结构改革》报告中提出，结构性改革可帮助中国稳步迈入增长放缓，但更具可持续性和包容性的"新常态"时代。深圳要在劳动力、资本、土地、技术、管理等要素方面进行改革，全面增加生产要素供应。积极探索城中村住宅合法化，加快推动城市更新，积极推动填海工程，加快发展深汕特别合作区，总结推广异地工业园发展模式，多渠道扩大土地供给。同时，通过改革、简化审批、放宽管制、减轻负担等方式，继续降低融资成本、加大减税力度、取消更多行政管制，为企业创业经营活动"松绑""减负"。

二是完善服务业发展的制度环境，着力增加有效供给。围绕我国结构性的有效供给不足，即中低端产品过剩、高端产品和服务供给不足的问题，加快淘汰传统落后产能过剩，加快发展新型产业和新型业态。重点以建设前海蛇口自贸区为突破口，加快推进投资、金融、财税、教育等方面的结构性改革，先行先试探索打破服务业市场的行政垄断与市场垄断，推进服务业市场的便利化改革，使社会资本可以进入相关的服务业领域，激发服务业领域的市场活力，增加有效供给。

3. 率先构建开放型经济新体制

一是对标国际惯例，系统梳理已出台贸易政策和产业政策。应主动与WTO规则和国际惯例接轨，加快对现行贸易政策和产业政策当中不合规定部分进行清理和改进，应坚决避免制定内外有别、阻碍和限制进出口贸易的贸易政策和产业政策，努力限制对本国生产者生产经营活动直接进行补贴，力求做到产业政策透明化。未来深圳贸易政策和产业政策应侧重于强化普惠性政策，即立足于使产业内的所有企业普遍受益，而非侧重于选择性的政策。重点包括为企业发展提供更完善的法治环境，鼓励企业的投资创业和研发行为、加大对人力资源的教育培训投入等，这种普惠性的产业激励政策在发达国家也是通常采用的。对于必须采用选择性产业政策的领域，在实施中也应当注重对受惠企业的事前筛选和事后考核，制定明确而灵活的退出机制。同时，要提高政策的透明度和内外资的统一性，维护内外资企业公平待遇，支持外商投资企业与内资企业同等享受各项鼓励政策。

二是以前海深港现代服务业合作区为平台，积极深化服务业对外开放体制机制改革。加快前海开发开放，在金融、教育、文化、医疗等服务业领域按照国家统一部署有序开放，在其他产业领域加快推行准入前国民待遇和负面清单的外资管理模式。建立香港法律查明机制，研究制定前海商事合同选择适用法律条例。创新前海管理体制机制，推进行政审批制度和公共服务改革，大胆探索前海管理局法定机构管理各项新制度，完善"充分授权、封闭运作"的法定机构治理模式。积极开展对外投资管理体制改革的调查研究工作，在国家统一内外资法律法规的改革进程中，不断提供新经验新材料。要力争在投资审批、外汇管理、金融服务、货物进出口、人员出入境、海关监管、检验检疫等方面，率先开展改革试点。同时，要积极追踪环境保护、投资保护、政府采购、电子商务等新议题谈判进展，积极推动深圳企业制定国家标准、国际标准，提高深圳参与国际规则制定能力。

4. 推动社会治理体系和治理能力现代化

一是推动公共事务管理从管控型向共治型转变。要切实推进决策的民主化、科学化，各级党委政府部门的重大决策要加强可行性研究和风险评估，充分听取和采纳社会各界的合理意见，杜绝仓促决策，随意决策。切实发挥市人大、政协作用，建立重要决策民主决定并负责的机制，减少决策失误及由此带来的政府威信流失。进一步完善政府与社会的分权，更加充分地发挥社会组织在加强社会治理中的作用，通过发展社会组织承接政府转移的社会事务，加快形成多元化的社会管理体制和社会发展机制。同时，要发扬基层民主和自治。除了必须由政府直接管理的事项，其他适合由社区承担的事项由社区自主管理，政府从这些领域退出，留给社会组织和社区足够的自治空间。只有理顺行政管理与社会（社区）自治之间的关系，真正实现政府管理与社会（社区）自治之间的有效衔接和良性互动，才能引导社会组织和公民积极参与社会（社区）公共事务，培育公民的公共精神和参与精神，形成社会共治共建共享局面。

二是推动人民团体向枢纽型、服务型、自治型的社会组织转变。建议加快对科协、侨联、文联、妇联、工商联、共青团等人民团体的改革转型，推动人民团体去行政化、官僚化改革。要逐步取消人民团体的行政级别，逐步取消人民团体参照的公务员管理体制，逐步取消全额拨款的财政支付方式，使其向枢纽型、服务型、自治型的社会组织转变。同时，制定对人民团体转型后的扶持政策，赋予其更大的自主权和灵活性，使其成为充满活力、有较大影响力和凝聚力的党联系群众的纽带桥梁，夯实党长期执政的群众基础。在改革人民团体体制机制的同时，要大力鼓励联系妇女、青年、科技、侨界、文化界、企业界的协会、联合会、商会等各类社会组织发展，使这些社会组织成为实现深圳城市治理体系和治理能力现代化中重要的组成部分和正能量。转型后的人民团体要更多地发挥服务社会的功能，团结、联系更多的同类社会组织，努力成为同类社会组织中的枢纽和骨干。党的统一战线部门要通过联系、团结包括转型后人民团体在内的各类社会组织的代表人物，为其中优秀的代表人物提供参政议政的平台，使之成为党的统一战线工作领域的重要组成部分。

5. 打造大数据施政平台

一是加快制定相关法律法规和标准规范。充分发挥深圳拥有特区立法权的优势，积极研究数据开放、保护等方面制度，实现对数据资源采集、传输、存储、利用、开放的规范管理，促进政府数据在风险可控原则下最大程度开放。加快建立政府部门、事业单位等公共机构的数据标准和统计标准体系，推进关键共性标准的制定和实施。尽快出台相关法律法规，为涉及企业运营数据、客户信息、个人隐私等数据的使用提供法律保障。

二是构筑大数据施政平台。建议市政府组建由市长牵头、由各部门主要领导参加的"大数据协调指导小组"，统筹协调大数据应用，推动形成职责明晰、协同推进的工作格局。成立大数据管理局，研究拟订并组织实施深圳市大数据战略、规划和政策措施，推动大数据应用工作。设立深圳市大数据专家咨询委员会，为大数据发展应用及相关工程实施提供决策咨询。加大对于大数据领域的投入力度，重点加强公共信息资源共享平台建设，积极推动各区各部门业务专网应用向共享平台的迁移和网络对接，实现人口、法人单位、自然资源和空间地理基础信息库等基础数据资源，以及税务、财政、审计、统计、质量安全、交通、医疗、卫生、就业、保险等信息系统跨部门、跨区域共享。支持社会资本参与大数据平台建设，鼓励企业、社会机构与政府开展多种方式合作，依托专业机构开展对大数据的汇聚整合和关联分析，发现新知识、创造新价值，为政府部门提供更加完善的决策支持服务，切实提高政府行政管理效率和公共服务水平。

三是强化大数据应用。围绕政府治理精准化、商事服务便捷化、民生服务普惠化，在企业监管、食品安全、安全生产、环境保护、劳动就业、社会保障、旅游服务、健康医疗等领域探索开展大数据应用试点示范，及时采集并汇总分析相关信息，形成相应领域的大数据：形成企业信用大数据，及时掌握企业信用信息，预警企业不正当行为，提升政府决策和风险防范能力，并为社会公众提供查询企业注册登记、行政许可、行政处罚等各类信用信息的一站式服务；形成交通旅游服务大数据，实现对重点景区游客流量的监控、预警和及时分流疏导，方便游客出行、提升旅游服务水平；建成社会保障服务大数据，创新服务模式，为社会公众提供更为个性化、更具针对性的服务；建立医疗健康服务大数据，形成规范、共享、互信的诊疗流程；构建教育文化大数据，发挥大数据对变革教育方式、促进教育公平、提升教育质量、传播先进文化的支撑作用；等等。

6. 夯实共享发展的制度基础

一是深化户籍制度改革，扩大户籍人口比重。要转变观念，要克服狭隘的地方利益观念，破除既得利益群体的阻挠，从社会的公平正义、从城市治理体系现代化建设、从社会长治久安的角度来提高对户籍制度改革的认识。课题组认为，深圳应加速扩大常住人口中户籍人口的比重，未来5年深圳户籍人口应达到550万人左右，使其占全市常住人口的比例达到50%左右。在深化户籍制度改革中，应将上百万在深圳工作多年、有固定场所、有若干年参加社保、交纳税收记录的建设者纳入深圳户籍。同时，尽最大努力增加非户籍人员在深圳享受医疗、教育、社保、住房、就业等方面的公共服务，为未来全面放开户籍限制，直至取消户籍制度创造条件。

二是加快推进收入分配制度改革，建设包容发展示范城市。2015年初，国务院总理李克强在深圳调研时明确提出，希望深圳成为包容发展的示范城市。建议深圳加快推进收入分配制度改革，率先探索完善工资标准形成机制和正常支付机制，逐步提高劳动报酬在初次分配中的比重。要积极探索国有资本收益上缴财政的有效途径，建议其利润和改制收入以不低于30%的比例上缴市财政，作为“扶危济困，增加就业”专项资金，充分发挥国有经济在民生领域的支持作用。要加快推进住房保障计划，多渠道筹集资金，每年安排财政年度预算、土地出让净收益、住房公积金增值收益等用于保障性住房建设，重点解决刚参加工作的大中专毕业生、困难群众、中低收入群体的住房保障问题，努力实现住有所居。探索“新深圳人”客栈的服务制度，探索通过城中村改造为外来务工人员提供一批廉租公寓。

下编

前海创新经验

建设前海是党中央在新时代全面深化改革和扩大对外开放的重大战略部署。2012年12月，习近平总书记在党的十八大后离京考察首站便来到深圳，在深圳的第一站，总书记选择了前海。经过六年的砥砺前行，前海经济总量迈上千亿元级，已成为我国发展最快、效益最好的区域之一。制度创新结出新硕果，形成一批具有前海特色的制度创新成果。前海从一片滩涂向"最美最好的图画"蝶变，初步建成内地与香港紧密合作先导区、现代服务业体制机制创新区、现代服务业发展集聚区和珠三角地区产业转型升级引领区。

第七章 前海发展概况

一、区域概况

深圳前海蛇口自贸片区于2015年4月27日挂牌成立,是中国(广东)自由贸易试验区的一部分。片区位于深圳西部、珠江口东岸,毗邻港澳,地处珠三角区域发展主轴与沿海功能拓展带的十字交汇处。片区总面积28.2平方公里,包括前海、蛇口两个区块,含前海金融商务区、前海湾保税港区和蛇口商务区三个功能区。目前,规划区就业人口规模约89万人,居住人口规模约62万人。

(一)前海区块概况

前海区块即前海深港现代服务业合作区,位于珠江口东岸,蛇口半岛西侧,占地14.9平方公里,占深圳全市总面积的0.75%;包括前海金融合作区和前海湾保税港区。

前海湾保税港区占地3.7平方公里,于2008年10月18日经国务院批准设立,2009年7月10日通过验收,2009年年底正式封关运作。根据国务院的批复要求,保税港区实行封闭管理,一期围网封关面积1.176平方公里,包括港口作业区(妈湾港区集装箱码头5、6、7号泊位)0.456平方公里和物流园区0.72平方公里两部分。由招商局集团下属企业具体运营。前海湾保税港区享有国家有关保税港区的一系列特殊优惠政策,同时享受前海现代服务业示范区的相关优惠政策。封关运作以来,保税港区各项业务迅猛发展,形成了以出口集拼、离岸配送中心、全球/区域配送中心、出口转内销为核心,覆盖一般贸易、国际中转、转口贸易、采购分销、一日游等多种类型的业务模式。根据前海总体发展规划要求,保税港区将重点发展现代物流、供应链管理、航运服务、创新金融等现代服务业,并积极探索建设与国际通行惯例接轨的自由贸易港区。

前海金融商务区是前海区块中除保税港区之外的其他区域,占地11.2平方公里。主要承接服务贸易功能,重点发展金融、信息服务、科技服务和专业服务,致力于建设我国金融业对外开放试验示范窗口、亚太地区重要的生产性服务业中心。

(二)蛇口区块概况

蛇口区块原为招商局集团蛇口工业区,位于深圳南头半岛东南部,东临深圳湾,西依珠江口,与香港新界的元朗和流浮山隔海相望,占地13.2平方公里,是我国改革开放发源地,蛇口工业区成立于1979年,是招商局全资开发的中国第一个外向型经济开发区,最早按照国际惯例与初创的社会主义市场经济运作的机制,最早更新价值观念、时间观念、人才观念,最早成功地建立全新的劳动用工制、干部聘用制、薪酬分配制、住房制度、社会保险制、工程招标制及企业股份制,被视作中国的"希望之窗",改革的"试管",开放的"模式",邓小平等中国领导人对蛇口的建设成就给予了充分的肯定。如今的蛇口商务区是蛇口区块中除西部港区之外的其他区域,是前海蛇口自贸区的三个功能区之一,重点发展网络信息、科技服务、文化创意等新兴服务业,与前海区块形成产业联动、优势互补。

二、发展阶段

（一）发展酝酿期（2010年以前）

2005年完成的《深圳2030城市发展策略》首次提出前海地区是深圳最具战略意义的空间资源。在此后的城市发展规划中，前海中心被定位为深圳两大城市中心之一，被赋予与香港合作发展现代服务业的重任。并在后来国务院通过的《珠江三角洲地区改革发展规划纲要（2008—2020）》中上升到国家战略，成为探索深港现代服务业合作的重要空间载体。

（二）发展启动期（2010—2012年）

以前海管理局挂牌成立为标志，前海改革发展正式启动。在前海管理局的统筹下，土地整备和基础设施建设全面启动，逐步引入部分高端服务业，产业发展也开始起步。此后，国务院批复同意了《前海深港现代服务业合作区总体发展规划》，深圳市人大常委会审议通过了《深圳经济特区前海深港现代服务业合作区条例》，明确把前海建设成为粤港现代服务业创新合作示范区，在全面推进内地与香港服务业合作中发挥先导作用。深圳前海建设部际联席会议制度构建起国务院领导下统筹前海开发开放的国家平台和部际联席运作机制。

（三）发展加速期（2012—2014年）

在香港回归祖国15周年之际，国务院批复前海深港现代服务业合作区开发开放有关政策，支持前海实行比经济特区更加特殊的先行先试政策。以习近平总书记视察前海为标志，前海开发建设和改革创新进入加速发展时期，在人才引进、深港现代服务业合作、融资租赁、金融创新、企业服务、跨境贸易、外商投资、货物通关、人民币跨境等领域进行了大胆创新。

（四）发展攻坚期（2014年至今）

以广东自贸区前海蛇口片区的成立为标志，前海开启了新时代改革创新的新篇章。深港合作向更深层次推进，体制机制改革不断攻克"硬骨头"，现代服务业产业体系趋于完善，制度创新走在全国前列，现代化企业集聚，基础设施建设高速发展，形成了以七大板块为核心的改革创新"前海模式"，并紧抓国家"一带一路"倡议、粤港澳大湾区建设等重大发展机遇，肩负起新时代国家改革创新与经济发展的重任。

三、前行脉络

（一）《珠江三角洲地区改革发展规划纲要（2008—2020）》提出"前海概念"

2008年，国家发改委与广东省政府编制的《珠江三角洲地区改革发展规划纲要（2008—2020）》中首次提出"前海概念"，"规划建设广州南沙新区、深圳前后海地区、深港边界区、珠海横琴新区、珠澳跨境合作区等合作区域，作为加强与港澳服务业、高新技术产业等方面合作的载体"。

（二）粤港签署《关于推进前海港深现代服务业合作的意向书》

2009年8月19日，在粤港合作联席会议第12次会议上，两地政府官员共签署8份合作协议。其中包括《关于推进前海港深现代服务业合作的意向书》，双方同意在"一国两制"、《珠江三角洲地区改革发展规划纲要（2008—2020）》和现有的CEPA（《内地与香港关于建立更紧密经贸关系的安排》）基础上，以及粤港合作及深港合作的架构下，共同研究推进在前海发展现代服务业，包括推动优化区域内的产业结构，加快建设金融、商贸、物流、创新产业等现代产业体系，并支持香港服务业在区内发展。

（三）国务院批复《前海深港现代服务业合作区总体发展规划》

2010年8月26日，在深圳经济特区成立30周年之际，国务院印发《国务院关于〈前海深港现代服务业合作区总体发展规划〉的批复》，原则同意《前海深港现代服务业合作区总体发展规划》，要求认真组织实施，进一步发挥经济特区先行先试的作用，以前海现代服务业的开发开放为契机，积极探索促进现代服务业发展的体制机制，为全国现代服务业的创新发展提供新经验。

（四）前海开发开放纳入国家"十二五"规划

2011年3月14日，十一届全国人大四次会议审议通过了《中华人民共和国国民经济和社会发展第十二个五年规划纲要》，其中，粤港澳合作七个重大项目中，"深圳前海开发"项目位列第五，明确提出"加快城市轨道交通、铁路网、城市道路、水上交通和口岸建设，到2020年建成亚太地区重要的生产性服务业中心,把前海打造成粤港现代服务业创新合作示范区"。

(五)国务院发布支持前海"22条优惠政策"

2012年6月27日,国务院发布《关于支持深圳前海深港现代服务业合作区开发开放有关政策的批复》,从金融(8条)、税制(3条)、法律(2条)、人才(4条)、教育医疗(2条)、电信(3条)等6个方面提出22条优惠政策,支持深圳前海深港现代服务业合作区实行比经济特区更加特殊的先行先试政策,打造现代服务业体制机制创新区、现代服务业发展集聚区、内地与香港紧密合作的先导区、珠三角地区产业升级的引领区。

(六)习近平总书记视察前海

2012年12月7日,习近平总书记在党的十八大后离京视察第一站就来到深圳前海,对前海开发开放寄予殷切期望,并向世界宣誓了中国继续推进改革开放的决心和意志,明确要求深圳前海准确把握中央赋予的战略定位,依托香港、服务内地、面向世界,继续发扬特区敢为天下先的精神,落实比特区还要特的先行先试政策,精耕细作,精雕细琢,画出最美最好的图画。

(七)前海蛇口自贸片区正式挂牌成立

2014年12月31日,国务院批复决定设立中国(广东)自由贸易试验区,广东自贸区涵盖三个片区:广州南沙新区片区、深圳前海蛇口片区、珠海横琴新区片区,总面积116.2平方公里。2015年4月20日,国务院发布《国务院关于印发中国(广东)自由贸易试验区总体方案的通知》,明确深圳前海蛇口片区重点发展金融、现代物流、信息服务、科技服务等战略性新兴服务业，建设我国金融业对外开放试验示范窗口、世界服务贸易重要基地和国际性枢纽港。同年4月21日，深圳前海蛇口自贸片区挂牌成立。

四、核心优势

（一）地理禀赋优势

前海蛇口自贸区毗邻港澳，位于粤港澳大湾区的核心位置，也是珠三角区域发展主轴与沿海功能拓展带的十字交汇点，在30公里半径范围内拥有两大国际机场（香港机场、深圳机场）和两大世界级集装箱枢纽港（香港港、深圳港），深港融合圈、空港辐射圈、海港服务圈"三圈叠加"，地理禀赋优势明显。

（二）政策叠加优势

前海政策是"深港现代服务业合作区+自贸试验区+保税港区"的"三区"叠加政策模式。既有全国自贸试验区和保税港区共享的政策，也有前海合作区自身特有的政策，如15%的企业所得税与个人所得税等特殊优惠政策，政策优势更加突出。叠加了自贸试验区功能的前海，简政放权的改革步伐更快，金融服务开放领域更广、力度更大，投资与贸易便利化水平更高。

（三）联动互补优势

在自贸试验区规划框架下，深圳西部港区的蛇口港、赤湾港以及前海湾保税港区连成一个整体，有利于西部港区资源整合、做大做强，建设国际性枢纽港，更好对接国家战略。从功能上看，前海的金融、贸易、航运服务将为蛇口产业升级注入新的活力，蛇口的产业基础及生活配套亦将为前海提供支撑，形成优势互补、产业联动、错位发展的新格局，已成为"大湾区经济"最具潜力与活力的板块。

（四）深港合作优势

前海因深港合作而生，前海概念自提出以来就被赋予深港合作的历史使命，国家先后出台了多条支持深港合作的优惠政策。前海蛇口自贸区的成立促进了深港两地建立更加紧密的经济合作关系，推动深港两地在体制机制上更深层次的融合，深度学习和借鉴香港国际自由贸易港的经验，更大地发挥深港合作优势。

（五）资源整合优势

根据深圳市委市政府的部署，前海蛇口片区已成立管委会，有效统筹前海与蛇口两大区块的发展。蛇口工业区是中国改革开放的发源地，前海是新时代肩负深港合作和构建对外开放新体制的国家战略平台，整合前海、蛇口两大区块资源，发挥蛇口片区改革创新的传统优势，同时发挥前海片区深港合作的政策优势，将形成发展的合力优势。

（六）改革基因优势

深圳是中国改革开放最早建立的经济特区之一，是中国改革开放的窗口和先行地，而前海蛇口自贸片区的蛇口片区被称为中国改革开放最早的试管。中国第一个对外开放的工业区——蛇口工业区最早探索社会主义市场经济运作的体制机制，最早更新价值观念、时间观念、人才观念，并提出了"时间就是金钱，效率就是生命"的口号,这个口号是深圳精神的逻辑起点,也是中国社会主义市场经济破壳的标志之一。因此可以说,前海蛇口自贸片区具有改革创新的"基因"优势。

五、发展使命和任务

前海是深圳未来发展的潜力所在,也是新时代国家改革开放和经济发展的希望所在,肩负着三大国家战略使命和十大发展使命。根据规划,到2020年,前海将建成基础设施完备、国际一流的现代服务业合作区;具备适应现代服务业发展需要的体制机制和法律环境;形成结构合理、国际化程度高、辐射能力强的现代服务业体系;聚集一批具有世界影响力的现代服务业企业。

(一)三大国家战略使命

在国家发展战略中,前海承载着深港现代服务业合作区、"一带一路"倡议的战略支点、自由贸易试验区三大使命,并将在粤港澳大湾区建设中肩负新的国家历史使命。

1. 深港现代服务业合作区

开发建设前海,建设深港现代服务业合作区是国家在深圳经济特区成立三十周年的历史节点上所做出的一项重大战略决策。前海以"创新、市场化、与国际接轨"为指导思想,坚持开放合作、互利共赢,体制创新、科学高效,高端引领、集约发展,统筹规划、辐射示范的原则,在"一国两制"框架下,努力打造粤港现代服务业创新合作示范区。前海的功能定位为现代服务业体制机制创新区、现代服务业发展集聚区、内地与香港紧密合作的先导区、珠三角产业升级的引领区。重点发展金融、现代物流、信息服务、科技服务及其他专业服务四大产业。

2."一带一路"倡议的战略支点

前海蛇口自贸区积极贯彻落实"一带一路"倡议，积极打造海上丝绸之路桥头堡。招商局集团按照"前港中园后城"模式布局，先后启动吉布提港口、科伦坡码头、澳大利亚纽卡斯尔港口、白俄罗斯中白工业园、土耳其昆波特码头等重点建设项目，在全球布局运作29个港口；前海管理局积极推动与伦敦金融城共同举办前海人民币国际化论坛，与英属维尔京群岛合作举办发展论坛，推动印尼－中国合作中心、"国际产能合作论坛暨中国对外投资合作洽谈会"永久落户前海；建设"走出去"公共服务平台。截至2016年6月14日，前海23家企业（机构）投向"一带一路"沿线10个国家和地区，中方协议投资额达11.09亿美元。前海正围绕优势产能输出、国际合作平台搭建以及跨境投资促进三个重点领域，加快打造"一带一路"倡议的战略支点。

3. 前海蛇口自由贸易片区

2015年4月27日上午9时，作为广东自贸区组成部分之一的深圳前海蛇口自由贸易片区在前海举行挂牌仪式。叠加自贸区政策后，前海蛇口片区将围绕推动人民币国际化、利率及汇率市场化改革，重点在人民币资本项目可兑换、跨境人民币业务创新、深港金融市场互融互通、投融资便利化等方面先行先试，支持香港离岸人民币中心建设。深圳前海蛇口自贸片区力争经过3至5年的改革试验，营造国际化、市场化、法治化营商环境，构建开放型经济新体制，实现深港澳深度合作，加快培育国际合作和竞争新优势，逐步实现开放型经济治理体系和治理能力现代化，成为投资贸易便利、服务体系健全、金融创新功能突出、监管高效便捷、法制环境规范、辐射带动效应明显的中国自由贸易试验区新标杆。

(二)十大改革发展任务

前海在国家战略的引领下,陆续提出十大发展任务,即世界服务贸易重要基地、国际性枢纽港、保税港区、社会主义法治示范区、国家金融业对外开放实验示范窗口、跨境人民币业务创新实验区、深港人才特区、国家人才管理改革实验区、跨境电商综合实验区和中国油轮经济实验区。

六、总体发展情况

(一)制度创新成果丰硕,前海模式基本形成

2017年,前海新推出111项制度创新成果,其中关检自贸通等42项重大制度创新在全国首创或领先。截至2017年底,累计推出制度创新成果达319项,其中全国首创或领先的有131项,在全国复制推广8项、全省推广49项、全市推广31项。国务院发布复制推广的19项改革创新举措中,6项是前海蛇口自贸片区首创。基本形成以投资便利化、贸易便利化、事中事后监管、金融开放创新、法治创新、体制机制创新等六大板块为核心的制度创新"前海模式",完成"标志性""突破性"重大制度创新超过30项。典型的创新案例有:全国首推商事制度改革;降低港企进入门槛,经营许可办理时限缩短到3个工作日以内;全国率先开展跨境人民币贷款业务;全国首家港资控股达51%的公募基金管理公司成立。

(二)经济增长势头强劲,财税收入大幅增加

2017年,前海蛇口自贸片区注册企业实现增加值2030.26亿元,

同比增长43.4%;实现税收收入344.98亿元,同比增长28.2%;实际利用外资44.48亿美元,同比增长16.9%。其中,前海合作区注册企业实现增加值从2013年的49.89亿元增加到2016年的926.45亿元,年均增长164.8%;税收收入从5.19亿元增长到184.9亿元,年均增长229.1%;实际利用外资从2.62亿美元增长到38.03亿美元,年均增长143.9%。数据显示,前海蛇口自贸片区已经成为我国发展最快、效益最好的区域之一。

(三)产业集聚态势良好,港企支柱作用明显

2017年,前海金融业、现代物流业、信息服务业、科技及其他服务业四大主导产业注册企业增加值占比83.38%,同比提高8%。同年前海蛇口自贸片区全年新增注册企业4.44万家,新增注册资本2.36万亿元;世界500强新增设立企业60家,总量达到323家;内地上市公司新增投资设立企业71家,总量达到625家;纳税千万元企业总数达到549家。截至2017年底,前海蛇口自贸片区累计注册企业16.49万家,开业运营6.68万家,开业率达40.53%。

港资企业在前海产业发展中发挥支柱作用。2017年,前海蛇口自贸片区新增注册港资企业2482家,新增注册资本3140.32亿元;全年注册港资企业实现增加值486亿元,占比23.9%;纳税91.87亿元,占比26.6%;完成固定资产投资161.24亿元,占比37.4%;实际利用港资43.30亿美元,占比97.4%。截至2017年底,片区累计注册港资企业7102家,注册资本8705.42亿元。自2013年前海深港青年梦工场正式开园,已经培育了100多家港澳青年创业团队,港资企业的营业额也从2012年的21亿元增长到2016年的430亿元。

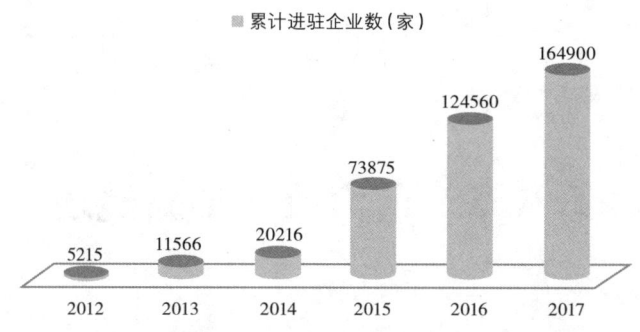

累计进驻企业数（家）

图1　前海蛇口自贸片区历年累计进驻企业数量

（四）新城建设加速推进，城市品质大幅跃升

2017年，前海蛇口自贸片区完成固定资产投资额达到430.83亿元，同比增长10.8%；投资强度达到每平方公里15.28亿元，是全市平均水平（2.58亿元）的5.92倍。截至2017年底，累计实现175栋建筑主体结构封顶（含1.5级开发建筑45栋），其中建成并交付使用100栋190万平方米（含1.5级开发建筑45栋15.5万平方米）；累计通车23条（段）道路，8横2纵"外联内畅"交通格局形成；以前湾一路和梦海大道为骨架的"中轴线"市政道路景观廊道成型，高低错落、疏密相间的天际线已颇具形象，新城面貌焕然一新。

固定资产投资额（亿元）

图2　前海蛇口自贸片区固定资产历年投资情况

第八章　前海改革创新概述

　　深圳因改革开放而生，因改革开放而兴，因改革开放而强，已成为改革开放的地标和精神符号。可以说，改革创新是深圳的根，深圳的魂，是深圳城市特质精髓之所在。在深圳经济特区成立30年之时，国务院批复同意了《前海深港现代服务业合作区总体发展规划》，新一轮的改革大潮开始在前海涌起。此后在香港回归祖国15周年之际，国务院批复了前海深港现代服务业合作区开发开放有关政策，国务院支持深圳前海实行比经济特区更加特殊的先行先试"22条政策"，"一行三会"赋予前海32条创新政策。前海升级为自贸区，成为改革创新的历史新坐标，在积极复制推广上海自贸试验区经验基础上，结合区域特色，围绕投资、贸易、金融、事中事后监管、法治建设、体制机制、土地改革等七大领域进行大胆创新，形成了具有全国影响力的制度创新"前海模式"。

一、前海投资便利化改革创新

（一）投资便利化研究综述

　　一是投资便利化的内涵。国际上关于投资便利化指标体系尚未统一,但对投资便利化的实质内涵基本形成共识,即创造一个透明、协调和可预见性的简化投资者在投资活动中所涉及的各种程序、降低交易成本的动态过程。广义的投资便利化还包括一国在投资领域对外资的开放程度,以及基础设施、产业配套等环境便利度。投资环境的便利与优劣决定要素资源的流向与集聚,是国家和区域治理体系及治理能力的重要体现,也最终影响其经济发展状况、财税收入、社会就业及国际竞争与合作等重要方面。

二是投资便利化评价体系。众多学者围绕投资便利化评价体系做了大量的研究,国内外学者和一部分国际组织通常采用世界银行对于企业营商环境指标作为投资便利化的评价指标。世界银行2003年发布了第一份《营商环境报告》,从企业视角,构建了一套比较完整的企业营商环境指标评价体系,成为衡量一国投资便利化水平的主流评价指标体系。经过不断完善,评价体系已经从2003年的5个指标、涉及133个经济体发展为目前的11个指标、涉及190个经济体,将企业投资经营分为开办企业、办理执照、获得电力、登记财产、缴纳税款、跨境贸易、获得信贷、保护中小投资者、执行合同、办理破产、劳动市场监管等11个一级指标,并分别下设3至4个二级指标,共计43个二级指标,从而构建了一套比较完整的投资便利化评价体系。联合国贸易与发展组织也在其世界投资报告中建立了关于投资便利化的指标:"外资吸引指数"和"投资潜力指数"。经济合作与发展组织建立的"FDI管理限制指数"(主要用于说明外资进入面临的主要障碍和限制)等指标,总体指标相对简单。亚太经济合作组织APEC在《投资便利化行动计划》中将投资便利化定义为:为了吸引外国投资,政府采取的一系列使其效率和管理有效性达到最大化的做法或行动。该组织于2008年制定并通过了"投资便利化行动计划",用于评估成员的投资便利化水平。

（二）前海投资便利化改革创新概况

提升投资便利化水平始终是前海蛇口自贸片区改革创新的核心任务，前海蛇口自贸片区以"降门槛、提效率、便企业"为目标，高标准建设与国际接轨的投资管理体系。

一是落实国家自贸区改革任务。根据《中国（广东）自由贸易试验区前海蛇口自贸片区建设实施方案》对投资便利化设定的目标，截至2016年底，前海蛇口投资便利化31项任务实施率达到100%，投资便利化水平提升工作按照总体方案设计目标稳步推进，取得了较为丰硕的成果。中山大学2017年针对前海蛇口自贸片区进行的投资便利化第三方评估报告中，以企业满意度情况为维度，对前海蛇口自贸片区投资便利化情况进行了评价。报告借鉴世界银行等国际权威机构投资便利化指标体系，同时结合前海蛇口本地实际，选取了具有典型代表性且可以面向企业进行调查的数十项指标，设计了企业调查问卷，统计分析结果显示：受访企业对前海蛇口自贸片区投资环境的绝大部分指标评价优良，其中满意度为"优""良"的指标占比分别为21%和44%，合计为65%，主要分布在与政府制度改革创新有关的行政服务环境、政策与法治环境、产业配套环境及基础设施环境领域，说明政府部门的努力得到了广大入驻企业的认可。满意度为"一般"的占21%，主要集中在市场开放、营业执照，中高层管理人才、外语人才，及电力供应、网络通信、铁路运输，及零部件本土配套和原材料质量与价格等指标。满意度为"较差"的占12%，主要集中在投资综合成本（主要是税收和劳动力成本较高），融资以及各类许可证、土地和厂房等指标，需要政府有关部门下一步深入调研，提出有针对性的解决方案。调研中没有出现满意度为"很差"的评价。

二是在落实完成国家自贸区改革任务的同时，前海蛇口自贸片区围绕更好地服务企业进行了全方位的改革创新。一是积极推行商事登记制度改革。从2015年起，在全国最先开始商事制度改革。通过"多证合一、一照一码"改革，以往需要花费至少6个工作日办理的证件，现只需要一张表格、一次申请、一门受理、一次审核，就可拿到"六证合一"的新版营业执照。二是创新外资准入管理模式。对外商投资实施"一口受理、多证联办"模式，在全国最先将外资企业注册时间从20个工作日压缩到3个工作日，2016年片区新设立外商投资企业2268家，同比增长58.4%。三是推出多元化缴税方式。"智税通"平台实现纳税人申请的6大类62项192个涉税事项的网上无纸化办理，提高了纳税人文书申请的质量，为纳税人办税提供便利，让纳税人少跑腿、少费时、少花费。四是推行投资管理体制改革。对建设项目环境影响的行政审批实行"大环评"模式，在保障审批质量的前提下，切实有效压缩了审批时间。

（三）前海投资便利化改革创新亮点集成

1. 前海e站通服务中心

前海e站通服务中心筹建于2013年年初，2013年7月2日正式投入运营，2016年初启动"一门式、一网式"政务服务改革，现已形成"一口受理、一门审批、一网服务、一颗印章"的政务服务模式。该模式是前海管理局原创创新成果，由《深圳市人民政府关于印发前海e站通服务体系试行方案的通知》落地实施。

（1）创新做法

一是"一口受理，一颗印章"模式。e站通服务中心集中受理省市授权和委托管委会和前海管理局办理131项行政审批及行政服务事项，其中77项纳入相对集中行政许可权范围，按照"一门式受理，流水线审批、一颗印章对外发证"的"证照中心"工作模式,实现相对集中行政审批。对规划建设、土地管理等专业性强的许可事项,职能处室审批后加盖管委会审批专用章,实现了一颗印章管审批。深圳市监察委员会在前海的16项商事登记事权,由e站通服务中心进行受理,市监察委员会在后台进行审批,实行受理与审批分离的模式。

二是"一门审批,多证联办"模式。95%内资企业设立全流程在线办理、85%变更全流程在线办理,实现"零跑动"。非全流程在线办理的企业,窗口交件后1小时可领取证照。深圳市内资企业实现营业执照、组织机构代码证、税务登记证、刻章许可证、社保登记证和住房公积金缴存单位登记证的"六证合一"。加上国家层面有但广东已取消的统计登记证,也可称之为"七证合一"。外商投资按照准入前国民待遇和负面清单管理模式管理,搭建"窗口一口受理、统一在线申报、后台并联审核"为主线的信息平台,平台对接国家商务部备案系统、深圳市商事登记系统、组织机构代码系统、国税系统、地税系统、公安系统、社保系统和住房公积金管理系统,通过系统间数据实时交换,实现业务协同。实现一个系统、一次填报、一张表格、一套材料,多证齐发。外商投资企业准入和经营许可办理3个工作日内完成,大大提高企业办事效率。

三是"一网服务,高效便民"模式。依托政务服务平台、前海蛇口片区网上办事大厅、企业专属网页等多样化的服务渠道,为政务服务主体提供标准化、场景式、全流程"互联网+"政务服务体验。前海管理局将市规划国土委、住建局、交通运输委、水务局、环保局等7个部门的规划建设审批事项融合在一个系统——建设过程管理系统,真正实现了多部门、跨区域数据联合共享。同时通过审批流程再造,实行分类工程大环评、大水保审批模式,大大缩短了审批时限，房建类项目全流程审批时间减少约一半时间，市政类项目全流程审批时间减少约三分之一时间。

四是企业注册后即与信用挂钩。新版营业执照首次记载全国统一的社会信用代码，并且是终身的、唯一的、全国统一的，该代码在银行、出入境等都可共享，一旦企业出现失信行为，将面临"一处违法，处处受限"。社会公众也可以通过该信用代码查询获取法人和其组织的信用信息，从而实现信用监管的信息化和便利化。此外，在新版营业执照特别增加了"深圳信用"二维码，公众只要扫描此二维码，就可以了解商事主体的详细信息，该信息与企业信用登记信息联网，并保持动态更新。

（2）创新成效

前海"e站通服务体系"的实施，为企业节约了时间、降低了成本。以建设单位为例，房建类项目全流程审批时间减少约一半时间（优化后全流程审批时间约为165个工作日，减少约113个工作日），市政类项目全流程审批时间减少约三分之一时间（优化后全流程审批时间约为145个工作日，减少约50个工作日）。受访的企业反映："以前无论是办手续还是跟其他企业合作，都需要带一沓的证，如果丢失其中任何一个都会比较麻烦，现在所有的信息都放在一张证上面，扫一下二维码，对方就可以查找和了解到公司所有适于公开的信息，申办过程又可在网上办理，十分方便，以往需要花费至少4个工作日办理的证件，将实现1个地点、2个窗口、1个小时办理，也不再需要重复提交证件资料。"

2. 实施"证照分离2.0版"改革

2016年10月25日上午，《中国（广东）自由贸易试验区深圳前海蛇口片区"证照分离"改革实施方案》在前海正式发布，进一步精简项目、降低门槛，切实解决企业获得商事登记主体资格后，实际开展经营业务前依然面临的办证多、办证难等问题，推进"证照分离2.0版"改革。

（1）创新做法

前海以省市下放至前海蛇口自贸片区和前海深港合作区的131项审批事权为基础，以实现高效便捷营商环境为目的，结合片区实际，从准入环节、服务环节和监管环节进行优化。

一是准入环节的优化。按照"能取消则取消、能削减则削减、能合并则合并、能转移则转移"的标准，深化商事登记改革，简化企业准入和注销流程，同时对后置审批事项进行分类改革，从片区的审批事权中选取一批符合改革要求的，分为"取消""审批改备案""告知承诺制""转移"和"加强准入监管"等五大类，采取"成熟一项，推出一项"的做法，逐步推进改革分类工作。

二是服务环节的优化。以完善"一站式"市场准入统一平台为目标，以强化改革系统集成为出发点，深化前海蛇口自贸片区"一口受理、一门审批、一网服务、一颗印章"的政务服务改革，为企业提供从"设立"到"存续"的全过程全方位服务。

三是监管环节的优化。坚持放管结合、加强事中事后监管。通过搭建企业信用监管体系、开展商事主体住所托管业务改革、试行综合执法等方式，充分利用大数据分析等技术手段，着力强化事中事后信用监管，构建"放得开、管得住"的优质市场营商环境。

（2）创新特点

一是可推广性强。改革事项以省市下放至前海蛇口自贸片区的审批事权为主，改革领域集中在文化科技、人才引进、规划建设等方面，符合自贸区特色，易推广可复制。

二是覆盖面宽。《中国（广东）自由贸易试验区深圳前海蛇口片区"证照分离"改革实施方案》涵盖企业设立和存续全过程，兼顾企业准入环节、服务环节和监管环节,实现"准入""准营"同步提速,"服务""监管"全面兼顾。

三是可操作性强。《中国(广东)自由贸易试验区深圳前海蛇口片区"证照分离"改革实施方案》中审批事项分类改革涉及的事权,均为已下放至片区的事权,前海蛇口自贸片区管委会可根据片区开发建设实际情况,适时对审批事权按照法定程序进行调整和实施。

二、前海贸易便利化改革创新

(一)贸易便利化研究综述

一是贸易便利化的内涵。贸易便利化一词在各种文献中已屡见不鲜,但迄今在世界范围内尚无一个被普遍接受的统一定义,国际知名组织机构对贸易便利化定义诠释有所差别,衡量的指标也不完全相同。尽管各自的表述有所不同,但基本精神是一致的,即简化和协调贸易程序,加速要素跨境流通。

二是贸易便利化的评价体系。近年来,人们更多地从广义的范围(即影响贸易交易的整个环境)来考虑贸易便利化问题。综合来看,贸易便利化的内涵和外延都在拓展,评价指标越来越多,越来越细,不仅涵盖许可、检验检疫、运输仓储、电子数据传输、结算支付、保险等所有贸易流程的便利化,而且延伸到国内贸易环境的优化,主要包括立法政策透明、机构协调等软环境以及基础设施、电子商务、信息技术的提高等硬环境。

表2　贸易便利化内涵界定及评价标准

组织机构	内涵界定	评价标准
世界贸易组织（WTO）	对国际贸易货物流动过程中所涉及的行为、惯例及手续进行简化与协调	透明度、信息公开、预裁定、申诉权、进出口货物检测、进出口环节费用、清关、边境机构工作协调、文件与程序简化、税收、中转手续、海关合作与贸易便利化等
亚太经合组织（APEC）	使用新技术和其他措施，简化和理顺阻碍、延迟跨境货物流动的程序和行政障碍	海关程序、标准与一致性、商务流动性和电子商务
世界银行（WB）	减少与货物运输、国际供应链服务相关的费用	通关效率性、基础建设质量、运输价格竞争力、物流服务质量、并柜及追踪并柜货物的能力、货物准时到达频率
联合国贸易便利化与电子业务中心（UN/CEFACT）	推广国际贸易便利化和标准化，制定全球统一标准以消除国际贸易中的技术壁垒	贸易程序便利化、产品标准、电子商务、贸易融资和物流服务
经济合作与发展组织（OECD）	国际货物从卖方流动到买方并向另一方支付所需要的程序及相关信息流动的简化和标准化	信息可获性、贸易界参与度、预裁定、申诉程序、规费与费用、手续（单证）、手续（自动化）、手续（程序）、边境机构合作（内部）、边境机构合作（外部）、治理与公正
世界海关组织（WCO）	海关程序简化及标准化，同时平衡贸易便利化与贸易安全二者的关系	海关活动的透明性和可预测性、货物申报手续与单证的简化和标准化、授权人的程序简化、信息技术使用等

三是贸易便利化协定。《贸易便利化协定》的根本宗旨就是消除目前存在于国际贸易当中各国（地区）通关制度方面的种种障碍。为此，《贸易便利化协定》对各个成员设定了200多项具体要求，如表2。值得强调的是，中国推进贸易便利化并不仅仅是为了承担《贸易便利化协定》设定的相关国际义务，同时也是中国协同WTO成员共同推进全球化、加快世界经济复苏的必然选择。

表3　《贸易便利化协定》的主要内容

序号	成员的义务	具体规定
1	信息的公布与可获性	公布进口、出口和过境及需要的表格和单证,海关产品归类或估价规定,与原产地规则相关的法规,相关关税及国内税率,关税配额管理程序等
2	评论机会、生效前的信息及磋商	向贸易商提供机会对货物流动、放行和结关的拟议或修正法规进行评论;保证货物流动、放行和结关的新立或修正法规生效前尽早公布
3	预裁定	提供货物税则归类及原产地等事项的待遇的书面决定
4	上诉或审查程序	规定海关所做行政决定针对的任何人在该成员领土内有权提出行政申诉或复议,或提出司法审查,保证其行政复议或司法审查程序以非歧视的方式进行
5	增强公正性、非歧视性及透明度的其他措施	为保护其领土内人类、动物或植物的生命健康可酌情发布增强对食品、饮料或饲料边境监管的通知
6	进出口费用及收费纪律	公布规费和费用、征收原因、主管机关及支付时间和方式;海关服务的规费和费用应限定在服务成本以内且不得与特定进口或出口相关联;海关针对违反其海关法律、法规或程序性要求而作出处罚
7	货物放行与结关	允许在货物抵达前处理相关的单证;允许电子支付关税、国内税、规费和费用;在满足提供担保等管理要求下,允许在关税、国内税、规费和费用最终确定前放行货物;等等
8	边境机构合作	保证其负责边境管制和货物进口、出口及过境程序的主管机关相互合作并协调,以便利贸易;应与拥有共同边界的其他成员根据共同议定的条款进行合作,以协调跨境程序,便利跨境贸易
9	受海关监管的进境货物的移动	允许进境货物在其领土内、在海关监管下从入境地海关移至予以放行或结关的其领土内另一海关
10	进出口及中转手续	保证货物快速放行和清关;接受单证的纸质或电子副本;鼓励使用国际标准作为进出口及过境手续的依据;建立单一窗口;取消与税则归类和海关估价有关的装运前检验;不得强制要求适用海关代理;等等
11	过境自由	不得对过境征收费用,但运费、行政费用或服务费用除外;不得对过境采取任何自愿限制;给予从其他成员领土过境的产品不低于此类产品不需过境应享受的待遇;鼓励为过境运输提供实际分开的基础设施;等等

续表

序号	成员的义务	具体规定
12	海关合作	鼓励贸易商自愿守法并对违法实施严厉措施,鼓励各成员分享遵守海关规定的最佳实践信息,为管理守法措施在能力建设方面的技术指导或援助中开展合作;对进口或出口申报信息的请求要严格保密
13	机构安排	设立贸易便利化委员会或指定现有机制以促进国内协调和协定条款的实施

资料来源:根据世界贸易组织《贸易便利化协定》整理。

(二)前海贸易便利化改革创新概况

不断改善和提升贸易便利化水平,是前海蛇口自贸片区建设的重要任务之一。《中国(广东)自由贸易试验区前海蛇口自贸片区建设实施方案》贸易便利化设定的目标和内容主要包括六大方面,即拓展贸易类型,强化和延伸国际贸易功能,培育新型贸易业态,推进粤港澳服务贸易自由化,促进贸易转型升级,完善税收政策。截至2017年4月自贸区成立两年时,贸易便利化改革取得了较为丰硕的成果,完全达标的有30项,占比为94%;基本达标的有2项,占比为6%。

一是全国首创多,归纳形成了一批可复制可推广的经验。涵盖卫生检疫、动植物检疫、检验监管、认证监管、通关管理等检验检疫主要业务,同时兼顾跨境电商监管和平行进口汽车等新兴业态,取得了良好的政策实施效果。例如,深圳检验检疫局归纳的原产地签证清单管理模式等16项措施是全国检验检疫系统首创,其中4项(原产地签证清单管理模式、检验检疫"电子证书"模式、建立进口商品"1+4全球溯源核放"便利化通关模式、进出口货物检验检疫流程监管及时长测算)已先行先试成熟,将由国家质检总局在全国推广。

二是制度创新侧重流程简化和降本增效,企业受惠多。一系列制度创新举措给企业带来了很大的贸易便利与实惠。例如,建立入境维修"1+2+3"监管模式,实现产品返修周期由原来的返回区外2周缩短至区内维修1—2天,维修产品进口金额从2007年的约6000万美元发展到2016年的1.7亿美元,并成功推动国家高新技术产品入境检测维修示范区在福田保税区挂牌;粮食进口"一三三"监管模式实现初审、靠泊、准卸三个"零等待",以及备案"全下放"、预通关"全覆盖"、绿色通道"全流程",据测算,可以为原粮仓储企业的主营收入提升10%,该模式也为深圳创建进口大宗粮食贸易平台提供了政策支持。

(三)前海贸易便利化改革创新亮点集成

1. 深圳口岸进口商品"1+4全球溯源核放"监管模式

在国家质检总局的指导下,前海与香港贸易发展局、香港海关、香港物品编码协会、中检集团(CCIC)海外公司以及相关企业不断尝试,结合智能科学技术,运用风险分析原理,探索出"1+4全球溯源核放"监管模式。

(1)创新做法

一是建立全程溯源平台。与中检集团联合研发了进口商品全程溯源系统及溯源信息防伪电子标签,借助溯源防伪电子标签作为信息搜集的载体,由中检集团溯源中心实时采集并录入海外监管信息、口岸查验信息和消费者反馈信息。消费者可依托电脑、智能手机和其他智能终端设备对葡萄酒等进口食品防伪电子标签进行编码录入或二维码扫描查询,轻松获取从产地到零售终端所有过程的信息及状态,并根据各环节的关联信息判断进口商品的真伪,从而实现进口商品全程溯源。

二是创新四个核心监管内容。首先是全程溯源监管,借助中检集团在全球布局的优势，与中检集团海外公司合作，挖掘监管链条前端的信息，着重把检验检疫行政执法需要的关键信息以及广大消费者关注的信息挖掘完整和准确。其次是口岸快放、事后监管。进口商可预先申报，货物到港后，查验人员可凭借溯源防伪标签号码查询整批货物的检验信息，即核即放，不在口岸现场按一定比例进行抽样、送实验室检测，而是采取随机抽查模式进行事后监管。再次是智能跟踪监管。利用二维码、气泡防伪技术、纤维防伪技术等现代科技手段，采集从源头到货架的全过程信息，任何人员可随时查询。最后是多方共治监管。建立追溯体系，开创了企业参与、政府监督、公众参与、三方认证机构监管等社会四方质量共治局面。

（2）创新成效

一是实现了快速通关。既有效保证了产品的质量安全，又大大提高了货物的口岸通关速度，减少了货物因滞港可能产生的费用。

二是增强了消费信心。消费者可通过扫描二维码了解商品检验监管信息，大大提振了消费者对商品质量安全的信心。使用该模式的进口商品质量监测合格率100%，相关产品举报投诉为零。

2. 进出口货物检验检疫流程时长监控模式

口岸通关时长是衡量贸易便利化水平和口岸通关效率的重要指标。深圳出入境检验检疫局与前海密切合作，在前海蛇口自贸片区先行先试，促进外贸便利化，创新探索出一套科学有效的管理措施，使得通关时长持续缩短，不断增强深圳口岸对外贸易的竞争力与虹吸力。在保证产品质量安全和工作质量的前提下，运用PDCA[即计划（Plan）、执行（Do）、检查（Check）、处理（Action）的首字母组合]质量管理理念，科学设定目标、加强政策落实、持续监测评估，不断优化改进，从制度上、手段上、模式上和激励上创新探索出一套科学有效的管理措施。

（1）创新做法

一是制度上创新，率先制定流程管理办法。通过对出入境货物受理报检、施检、实验室检测、卫生检疫处理、签证归档等全过程客观耗时的反复调研，提炼流程关键点和时长测算指标，率先制定了《深圳地区出入境货物检验检疫流程管理办法》，明确各业务部门协调管理、优化执行、监督调查职责，推行信息公开，对外公布各类货物检验检疫流程时限，为深圳口岸检验检疫流程管理奠定规范化、标准化制度基础。

二是手段上创新，率先研发流程时长监测信息化系统。深圳口岸每年检验检疫货物以百万批计，信息化是建立流程时长监控体系的必要手段。首创并自主开发了"检验检疫流程监控与放行时长管理系统"，综合提取业务综合管理系统、实验室管理系统、证单流转系统等多渠道流程数据，对深圳口岸进出口货物检验检疫全样本、全流程进行严密监测，为数据统计分析提供了有效手段，为模式改革优化提供了参考依据，并在任何节点发生停滞时都会触发预警，提示相关业务部门及时处置。

三是模式上创新，深度优化检验检疫流程。高度重视机制模式改革创新，扩大质量、标准、制度、服务、安全的有效供给，构建起智慧口岸框架，实现了让口岸更智慧，让通关更快速，让企业办事更便捷。如在各分支机构推行无纸化报检、无纸化通关、区港一体化；对出入境生物制品由原来的"逐批检疫审批核销"改为"一次审批，多次核销"；对经特殊监管区入境货物，实施入区前置检验、出区逐批核销；对入境3C产品实施"界定前移、监管分类、查验抽批"的监管新模式；设立绿色通道全力提升易腐烂变质货物如水生动物、水果的通关时效。

四是激励上创新，率先将通关效率与绩效考核挂钩。通过定期流程数据的分析与挖掘，查摆各部门工作薄弱流程环节，对各类货物主管部门、实验室检测部门、口岸检验检疫机构分别制定符合实际的通关效率提速指标，并及时通报阶段性考核结果，以目标为导向，将考核指标层层分解落实，对没有完成指标的单位在年度考核时予以扣分，增强了各单位对降低通关时长的紧迫感，有效激励目标达成。

（2）创新成效

一是深圳口岸检验检疫通关效率逐年提升。据测算，深圳口岸出入境货物通关放行平均时长约为0.49天，2014年为0.61天，2013年为0.89天，2012年为1.08天，平均放行时长三年累计提速53.77%。据初步估计，出入境货物检验检疫通关时长压缩近200万小时，外贸企业因此措施节约大量仓储、运输成本。

二是大宗重点敏感货物检验检疫通关环境优良。深圳口岸是进出口大宗重点敏感货物的重要口岸，进口红酒、粮谷、水果、婴幼儿奶粉、冻肉等，出口水果、家具等关系产品质量与食品安全的货物业务量在全国口岸均居前列，监测数据显示，以上货物检验检疫通关放行时长在全国主要沿海口岸均为最短。

3. 前海跨境进口生鲜关检联合作业模式

跨境进口生鲜关检联合作业改革试点，是前海蛇口自贸片区贯彻供给侧结构性改革、打造前海跨境电商产业品牌和服务市民"菜篮子工程"的重大制度创新，在多个方面创造了"全国第一"。在前海蛇口自贸片区管委会的牵头推动下，深圳海关和深圳出入境检验检疫局在"三个一"合作框架基础上，深化"信息互换、监管互认、执法互助"合作模式，针对进口活鲜产品的特殊要求，通过建设关检联合查验基地、再造联合执法作业流程、创新"互联网+"执法手段，经过深入研究、集中攻关，最终推出了跨境生鲜关检联合作业改革模式。

（1）创新做法

一是改造查验场所设施，建立"关检联合作业基地"。针对关检联合作业的客观要求以及活鲜产品的特殊性，将原检验检疫部门的查验台改造为关检联合作业基地，使原先海关和检验检疫位于不同地点的查验作业置于同一场地进行，为共同查验和提高效率提供了物理空间。同时，建立了目前国内自贸区唯一的活鲜暂养监管池和食用水生动物扣检场，食用水生动物扣检场具有一整套符合水生动物生存条件的专业设施设备，具备防逃逸功能。

二是创新通关监管模式，再造联合查验作业流程。跨境活鲜产品一直以来饱受运输及通关时间长、存活率不高的困扰。深圳海关和检验检疫部门针对跨境活鲜行业对于通关效率要求极高的特点，在以口岸直通、集检分出和分送集报等验放模式的基础上，再造联合查验作业流程。同时，加强关检协作配合，对无法实施同时查验、拆封等情况实施监管互认，减少相同查验项目的重复作业。

三是以"互联网+"理念创新联合执法手段，大幅提高联合查验和监管效率。前海蛇口自贸片区管委会加强统筹协调，结合关、检、物流和电商企业四方的业务需求，特别开发关检联合作业App，实现"一个数据源、四个客户端"，通过相应的流程设计和图片报文数据交互系统，进一步提高了联合查验的效率和通关速度。目前该App功能包括：实现在途活鲜产品物流状态的实时追踪和信息共享，具有在途活鲜产品的关键信息、查验信息的上传、共享及互认等。

四是在全国独创跨境进口生鲜电商模式和品牌。从目前全国各地看，跨境生鲜产品的进口销售基本采用一般贸易方式，而前海蛇口自贸片区充分发挥毗邻香港的优势，利用跨境电商"4·8"新政后生鲜产品纳入正面清单的契机,推出"一般贸易+跨境电商"的创新模式,在全国跨境电商领域实现了"三个首创":活鲜产品以跨境电商方式的"保税备货"模式进口销售;关检两部门针对跨境电商进口生鲜采取联合作业模式,提高活鲜产品的存活率;关检联合作业成功叠加"互联网+"理念,实现关检的"三互"和提高执法效率效果。这一改革试点的成功落地,树立了前海跨境电商的独特品牌和差异化竞争模式。

(2)创新成效

一是大大缩短了生鲜到达餐桌时间。2016年8月24日,进口生鲜关检联合作业改革试点在前海蛇口自贸片区正式启动。当天一批来自澳大利亚价值3840美元的翡翠鲍鱼,作为全国首票跨境生鲜进口关检联合作业商品,从原产地运抵前海,全程仅用了47个小时,并且抵达前海当天就送达消费者的餐桌。

二是大幅降低了进口活鲜企业的通关成本。活鲜产品对运输时限有极高的要求,如波士顿鳌龙虾,脱水运输超过48小时,成活率将大幅度降低,因此节约一个小时甚至半个小时的在途时间都弥足珍贵。

三是实现了活鲜产品的全流程监管,确保食品安全。依托关检联合作业App的功能设计,特别是产品物流信息实时追踪系统的开发,活鲜产品从原产地到香港机场、转关口岸、园区一直到暂养池,最后通过消费者网上下单之后,出园区报关快递送达,皆处于关检部门的监管之下,实现了从原产地到餐桌的全流程无缝监管,避免了食品流入市场后的"二次污染",确保了食品的安全健康。

4."港资港企港货"跨境电商O2O购物中心

为进一步发挥前海深港合作优势,为香港服务业拓展市场空间和经济腹地创造条件,根据《前海深港现代服务业合作区促进深港合作工作方案》有关要求，按照"港资建设、港企运营、港人收益"的原则，建设港货购物中心。

（1）创新做法

通过公开招投标方式，确定港资企业周大福集团建设"前海周大福全球商品购物中心"（简称"港货中心"），以销售"港货"（指港产以及通过香港进口的全球商品）的商业模式为主，配套以餐饮、休闲、娱乐、儿童乐园等综合服务。充分发挥前海湾保税港区一般贸易功能和跨境电商进口试点政策优势，按照"一般贸易完税+线下结算提货"和"跨境电商行邮保税+线上下单配送"两种模式进行销售，保证商品原装正品的同时也实现了媲美香港零售价格的优势。

（2）创新成效

港货中心自2015年12月7日试营业以来得到了社会各界的高度关注，平均每天客流量达到了2万人次，2015年12月营业额超过3000万元人民币，远高出预期，注册用户突破5万个，处理包裹超过5000票。实践证明，港货中心项目有效缓解了深圳海关和香港海关的通关压力，为推动深港两地深度合作提供了新经验、新模式，为内地居民带来更加安心的海购体验、更加便利的休闲生活以及更加智能的服务体验。

三、前海事中事后监管改革创新

（一）事中事后监管模式的内涵

所谓事中事后监管，是相对于事前审批而言的。目前并没有关于事中事后监管的准确论述。根据《国务院关于"先照后证"改革后加强事中事后监管的意见》，我国事中事后监管工作遵循四大基本原则，即职责法定、信用约束、协同监管、社会共治，推进以信用为核心的新型市场监管建设。

（二）前海事中事后监管改革创新概况

前海蛇口自贸片区成立以来，积极落实《国务院关于"先照后证"改革后加强事中事后监管的意见》，推进事中事后监管改革。现已建立基于大数据的事中事后监管新机制。率先利用大数据构建社会信用体系，对区内10多万家企业完成信用查询和"信用画像"，并将企业"信用画像"应用于"双随机"抽查。创新推出"企信惠"项目，试点基于企业信用的"摇一摇"监管模式，通过整合深圳市企业的信用信息大数据，利用目前流行的手机互动方式，营造消费者、商家和市场监管部门三者的互动圈，充分发挥企业信用信息惠民、利民，以及加强事中事后监管的作用。

（三）前海事中事后监管改革创新亮点集成

1. 前海企业"信用画像"

（1）创新做法

深圳前海蛇口自贸片区管委会牵头，并会同市场监管、民政、税务、金融、口岸、公用事业单位等部门，制定并组织实施了《中国（广东）自由贸易试验区深圳前海蛇口片区社会信用体系建设实施方案》，拟通过公共信用信息平台建设、事中事后监管模式创新、优化政务诚信服务、信用服务市场建设、诚信文化推广等5个方面15项措施，统筹推进片区社会信用体系建设。该方案明确由深圳前海蛇口自贸片区管委会发挥主体牵头责任，协调全市近20个部门共同推进落实。

一是强化信用数据共享和归集。颁布实施《深圳市政务信息资源共享管理办法》，按照"共享为原则、不共享为例外"的要求，明确政府部门在履行职责中采集和生成的信息应无条件提供共享，同步制定不共享信息负面清单。出台《深圳市公共信用信息资源数据标准》《深圳市公共信用信息资源目录》，推动全市78个政府机关、司法机关、事业单位等按标准实现信息共享。

二是建立企业信用评价模型。深圳市市场和质量监管委会同深圳前海蛇口自贸片区管委会，通过汇集来自市市场监管、法院、银行、国地税等十几个信源单位提供的97项信用指标，建立了企业信用评价模型，对已在自贸片区注册的企业按照风险等级分为4大类10个等级，并根据每个类别的信用状况配以相应信用评价，辅助政府监管部门锁定重点监管对象，实施现场督促。同步建立以信用风险分类为基础的随机抽查监督机制，对自贸片区企业按照信用等级划分为A、B、C、D四个等级，信用等级高的抽查比例低，总的抽查比例应不少于3%。

2015年12月31日，"中国（广东）自由贸易试验区深圳前海蛇口片区信用网"正式上线，实现前海蛇口自贸片区超过10万家企业的信用查询功能。一是社会公众可通过互联网以及自贸区官方微信公众号进行查询，了解在前海和蛇口两个区块注册企业的名称、法定代表人、成立日期、营业期限、核准日期、认缴注册资本总额、企业类型、经营范围、登记状态、是否纳入异常经营名录、行政审批和行政处罚记录等信息。二是在前海蛇口自贸片区注册的企业，可通过"企业专属网页"注册专门账号，动态掌握自身的企业信用风险状况。三是监管部门将通过企业专属网页，向企业推送信用风险提示信息，督促入区企业主动维护自身的信用状况。

2. 金融风险监管"火眼"项目

（1）创新做法

深圳市公安局会同市直相关部门，通过对前海蛇口自贸片区企业各项经营行为的数据收集、分析，率先建立起基于企业信用评级体系的警务预警平台。同步紧扣公安警务改革，大幅提升企业经济犯罪前期预警，将企业经济犯罪后期侦破变为前期预警，实现及时发现、及时预警、及时处置和有效打击。

监管部门能够直观地通过分数或脸谱来对企业的健康进行快速评定。监管部门相关人员只要进入系统，设置相关评分的时间维度、行业维度、地域维度等，系统通过大数据、快速内存等技术方式让评级结果在很短的时间内系统地呈现出来。他们还能通过设置的监管范围快速地筛选出监管对象。

（2）创新成效

金融风险监管"火眼"项目意味着基于信用风险分类的金融风险防控新模式初步建立。重点对入驻前海的3000家P2P企业进行测评，将构建前海在册P2P企业评级模型作为第一期任务，并随机选定80家企业进行试点，通过专业的数学公式进行计算，项目组目前已经取得这80家企业犯罪风险的高低排序。

四、前海金融开放改革创新

（一）前海金融开放的改革创新概况

前海不仅有国务院支持的"22条"特殊政策，而且有"一行三会"支持的"32条"金融创新政策。几年来，前海在贯彻落实国家资本市场开放政策的同时，不断推进金融业的集聚创新和金融风险防控机制的创新，取得了一系列的制度创新成果。

一是率先落实国家资本市场开放政策。落地全国首单外债宏观审慎管理试点业务并向全国推广，推动实现跨境人民币贷款、跨境双向发债、跨境双向资金池、跨境双向股权投资和跨境资产转让等五个"跨境"，尤其是跨境人民币贷款保持快速增长，2016年年底备案金额超过1100亿元，累计提款364.57亿元，业务规模领先全国。

二是支持金融业创新和集聚发展。成立全国首家社会资本主导的再保险公司、首家民营互联网银行——微众银行，丰富多元化多层次的金融生态圈，发挥金融创新集聚效应。加速推进金融业务创新，并发布21项前海金融创新案例，其中14项全国首创，以"微粒贷"、跨境碳资产回购融资业务、REITs（房地产信托投资基金）公募基金等为代表的金融产品创新优势突出，全国首创"三农"金融服务平台"农发贷"、航运业大数据综合服务平台"航付保"并成功运营。

三是创新金融风险防控机制。探索中央地方合作监管，建立前海私募基金领域风险防控信息化协作机制；首创基于完全自主可控技术的银行分布式架构和银行信用卡反欺诈实时授权决策系统，首创"快递筛选法"和"大数据预警法"，形成了互联网金融风险防控的"前海模式"。

（二）前海金融开放改革创新亮点集成

1. 跨境人民币贷款创新

《国务院关于支持深圳前海深港现代服务业合作区开发开放有关政策的批复》明确提出："支持设立在前海的银行机构发放境外项目人民币贷款；在《内地与香港关于建立更紧密经贸关系的安排》框架下，积极研究香港银行机构对设立在前海的企业或项目发放人民币贷款。"中国人民银行深圳市中心支行2012年12月27日发布了《前海跨境人民币贷款管理暂行办法》，2013年1月5日发布了《前海跨境人民币贷款管理暂行办法实施细则》。

（1）创新做法

一是着力引进一批有跨境贷需求的实体经济项目。按照跨境贷资金流入实体经济的要求，大力推动全国范围内的优秀实体企业来前海设立海外业务总部、供应链管理中心等子公司。主要目标企业包括：大型国企和优质地方国企、现代服务业龙头企业、高新技术龙头企业和境内外上市企业。

二是有针对性开展跨境贷政策宣讲和解读。政策发布后，前海管理局与深圳各区政府、商业银行、有关行业协会密切合作，加强政策宣讲，配合和支持各银行举办客户推介会，扩大影响范围。

三是激发中资银行做跨境贷业务的积极性。境内结算银行开展跨境贷业务时，一般仅能取得保函收入（0.8%—1.2%左右），但其同时要计提风险拨备，基本没钱可赚。如果以不开保函的方式做跨境贷，银行没有直接收益，只有贷款资金汇划过程中短期停留的收益；但银行还承担着资金用途监管的责任，所以存在明显的激励不足。因此，管理局考虑以可调配资金存放作为主要激励手段，最大程度激发中资银行做跨境贷业务的积极性。

四是持续从细节和环节上优化跨境贷政策。前海管理局在政策文件出台后，持续在细节上优化跨境贷政策：明确凡是在前海购租物业或实际纳税的企业，其跨境贷资金都属于用于"前海建设与发展"的范畴；将跨境贷放款主体扩大至境外所有具备贷款业务资格的金融机构；在税务环节，简化备案、申报流程，缩短办理时限，避免重复申报；允许跨境贷资金存放在境内监管账户时按一般存款账户计息；修改跨境贷业务制度，省去贷款资金到位前向境外银行书面确认这一操作；允许循环使用备案额度，对额度实行余额管理。

（2）创新成效

香港人民币存款自2011年8月突破6000亿元后，截至2012年12月仍为6030亿元，16个月几乎没有增长；而在2013年从1月份的6240亿元一直增长至12月份的8270亿元，这和我国的跨境人民币政策创新密切相关，跨境贷政策无疑是当中分量较重的一项。此后一直持续保持快速增长，截至2016年底，备案金额超过1100亿元，累计提款364.57亿元，业务规模领先全国，并呈现总量大、复制广、双向打通的特点。创新经验先后被复制推广到上海自贸区、苏州工业园、天津自贸区等地。

（3）创新意义

一是为人民币资本项目可兑换改革探路。跨境信贷是资本项目可兑换的重要内容，跨境人民币贷款政策的成功实施，在扩大人民币回流渠道的同时，在人民币资本项目可兑换改革中迈出了坚实一步，也为跨境投资等领域的开放积累了有益经验。

二是促进了香港离岸人民币业务中心的建设。前海跨境贷政策实施后，进一步拓宽了离岸人民币资金的回流渠道，促进人民币资金的跨境循环，境外企业和居民将更愿意持有和使用人民币，吸引更多的人民币资金在香港集聚和交易。

三是为利率市场化进行先行探索。跨境人民币贷款利率由借贷双方自主确定，这在我国境内尚属首次。境外贷款利率和境内贷款利率相互影响，为境内银行自主进行利率定价有直接借鉴作用。

2. 全国首批试点外债宏观审慎管理创新

十八届三中全会要求"建立健全宏观审慎管理框架下的外债和资本流动管理体系"。2014年11月，国务院常务会议要求支持跨境融资,让更多企业与全球低成本资金"牵手"。2015年3月9日,国家外汇管理局深圳市分局和深圳市前海管理局共同举办了前海外债宏观审慎管理试点启动仪式,正式发布了前海外债宏观审慎管理试点实施细则。

（1）创新内容

统一中外资企业外债管理方法,对区内非金融企业借用外债实行比例自律管理,要求外债余额不超过上年末经审计净资产的2倍。中资非金融企业办理外债签约登记时,其全部负债(含当次外债签约额)不超过其总资产的75%;区内企业借用的外币外债资金,可按规定结汇使用。该试点业务统一了长短期的外债管理制度,简化了外债管理流程。此前,我国对中外资企业举借外债实行分类管理,外资企业举借外债的条件比中资企业宽松。中资企业中长期外债须经国家发改委审批,短期外债额度须经国家外汇管理局审批。而实现外债试点业务后,企业自行与境外机构签订外债合同,凭借合同及其他资料向当地外汇管理部门申请办理外债签约登记即可。

（2）创新成效

前海怡亚通、首创环境、五矿供应链、华讯方舟等4家首批外债业务试点企业,与工商银行、农业银行、中国银行、招商银行、中信银行合作,共办理外债签约金额1.3亿美元。

（3）创新意义

一是降低企业融资成本,拓宽企业融资渠道。此次试点创新业务为前海企业提供了境外融资便利,前海企业"牵手"全球低成本资金,充分实现利用境外资源满足境内融资需求,有效降低了企业融资成本;进一步拓宽了企业的融资渠道,企业无需设立境外平台公司即可引入境外低成本资金,有助于企业充分利用境内境外两个市场、两种资源,提升企业自身经营管理水平。

二是提升了前海金融的国际化水平。通过办理该项业务提升了银行开展跨国经营的能力，促进境内外银行间联动合作，有利于发掘更为广阔的市场机遇，并为后续外债业务开展起到了较好的示范效应。

三是率先落实了国家金融改革任务。该项试点是外汇管理部门迅速贯彻中央精神的重要举措，首次允许中资企业借入外债并结汇，有效缓解企业融资难、融资贵的问题。同时，在外债管理方面首次给予内外资企业平等的国民待遇，有利于打造公平竞争的营商环境。该试点对前海现代服务业创新发展具有直接推动作用。

3. 国内首创全线上、自助式、小额循环贷款产品——"微粒贷"

作为中国第一家民营互联网银行，微众银行于2015年5月15日正式推出国内首款基于社交数据风控的手机移动端自助式小额信用、循环使用贷款产品——"微粒贷"，并通过"联贷平台"由微众银行与合作金融机构向符合当期授信条件的主体共同发放，借助互联网等现代信息技术手段，降低金融交易成本，延伸服务半径。

（1）创新做法

一是国内首款全流程移动端银行贷款产品。针对大众客户"贷不到""不及时""不方便"的痛点，微粒贷实现全流程移动端销售及服务，并以"标准化、小额化、批量化、分散化"为原则，借助手机QQ和微信两大互联网平台覆盖大众客户。客户覆盖广，仅凭个人信用，无抵押、无担保，同时无职业类别、工作收入、房产、户籍、家庭等限制；申请方便，无需提供任何纸质资料，循环授信，每年更新；用款快捷，移动端操作，7×24小时服务支持，即时申请，即时出账；借款成本低，按实际借款金额、按日计息，随借随还。

二是全球首创社交数据风控体系。微粒贷风险模型围绕央行征信报告研发，并在全球范围内开创了将社交数据合规用于"欺诈风险防范"及"信用风险防范"的银行风险管理技术先河。客户授权后，通过整合社交大数据模型、央行征信报告、公安信息核对、学历信息认证等各方数据，在5秒内可完成贷款审批及授信。提高客户体验同时，严控准入风险及敞口额度。大数据的成功运用以合规、合法为前提。微众银行在全过程不接触、不保存任何客户在腾讯社交平台上的数据，仅做统计意义上的排序分析，在数据分析架构及模式上也开创了银行领域的先例。

三是国内首创"联贷平台"模式。在监管部门的大力支持下，微众银行在国内开创性地设计出"联贷平台"模式，而"微粒贷"授信额度项下单笔贷款可通过"联贷平台"由微众银行与合作金融机构共同发放。"联贷平台"是微众银行在与合作金融机构开展联贷业务过程中所建立的合作体系，涵盖商务、IT、征信报送、清算、结算、客服等方面，实现与合作机构共担风险、共享客户、共享收益。

（2）创新成效

一是业务发展迅速，体现普惠金融。截至2016年10月31日，成功开通微粒贷的客户已达1302万，已借款客户达357万，已借款客户（以手机号进行识别）覆盖31个省、自治区、直辖市的567座城市（含县级市）。微粒贷累计发放1423亿元，贷款余额已达422亿元，贷款不良率仅为0.28%。联贷平台已上线投产合作机构达25家，通过联贷平台已实现发放微粒贷870亿元，有效支持了221万大众客户的紧急融资需求。

二是定位传统补充，填补金融空白。在微粒贷已借款客户中，授信额度≤5万元的客户占比86.69%，授信额度≤2万元的客户占比62.32%；在未结清借贷的客户中，95.76%的客户贷款余额≤5万元，82.45%的客户贷款余额≤2万元。上述数据充分体现出微粒贷更为贴近个人客户高频次、低额度的日常小额临时周转场景，有效补充了传统金融机构无法有效覆盖的小额、短期融资业务领域。由于微粒贷"随借随还、按日计息"及"免收提前还款违约金"的规则,超过80%的微粒贷客户实际笔均融资成本低于100元。

三是开辟特殊通道,助力听障客户。微粒贷为听障人士开通远程视频身份核验流程,在客户无法接听电话的情况下,聘请专职客服,通过远程视频以手语的方式核实客户身份和借款意愿。截至2016年10月31日,微粒贷团队已累计成功服务407位听障客户,为其提供及时有效、价格合理、便捷安全的金融服务。

4. 全国首家CEPA框架下港资控股公募基金公司在前海设立

(1)创新做法

深圳市前海金融控股有限公司与香港著名金融机构恒生银行有限公司,按照《〈内地与香港关于建立更紧密经贸关系的安排〉补充协议十》规则设立恒生前海基金管理有限公司,这是在CEPA框架下首次实现香港金融机构在内地设立绝对控股的公募基金管理公司。2015年5月底,双方最终就合资协议基本达成一致:合资基金管理公司注册资本为2亿元人民币,前海金控出资0.6亿元人民币,占注册资本的30%;恒生银行出资1.4亿元人民币,占注册资本的70%。2016年6月16日,恒生前海基金获得中国证监会核准成立,成为CEPA框架下我国基金业对外开放第一单,也是内地首家港资控股的基金管理公司。

(2)创新意义

恒生前海基金的成立对于引进包括恒生银行在内的香港金融机构在资产管理领域的丰富经验,贯彻落实《〈内地与香港关于建立更紧密经贸关系的安排〉补充协议十》中证券业开放政策,推进我国基金管理行业开放发展以及深化深港、粤港合作具有重要意义。

一是率先落实国家资本市场开放政策。恒生前海基金的成功组建，紧扣《关于进一步促进资本市场健康发展的若干意见》（简称"新国九条"）和《关于进一步推进证券经营机构创新发展的意见》（简称"创新发展意见"）文件精神，既把国家资本市场开放政策付诸行动，也使深圳市前海成为率先落地《〈内地与香港关于建立更紧密经贸关系的安排〉补充协议十》中基金管理行业对外开放政策的地区。

二是推进深港合作，提升资管行业经营水平。前海金控与恒生银行组建恒生前海基金不仅是贯彻习近平总书记重要讲话精神，深化深港合作，拓展香港发展空间的重要举措，而且有利于引进包括恒生银行在内的港资金融机构在资产管理领域的丰富经验，提升我国资产管理行业的发展质量和竞争优势。

三是有利于吸引金融产业在前海集聚发展。恒生前海基金的成功设立，不仅引导香港最大的本地上市银行投资前海，也将吸引更多相关配套服务机构入驻前海，进一步促进各类金融机构在前海聚集，打造更加完善的前海金融生态圈。

5. 全国首家混合所有制的独立再保险公司在前海设立

（1）创新背景

我国再保险市场与发达国家的再保险市场相比，发展明显滞后，主要表现为：我国再保险公司主体数量不足、市场竞争严重不足；国际市场对国内再保险供给缺乏持续性和稳定性，巨额的再保险业务逆差对我国再保险行业的健康发展构成阻碍。2014年8月10日，国务院出台《关于加快发展现代保险服务业的若干意见》（简称"新国十条"），提出"增加再保险市场主体，发展区域性再保险中心""提升我国在全球再保险市场的定价权、话语权"。2014年8月21日，中国保监会《关于深化深圳保险创新发展试验区建设加快前海开发开放的8条政策措施》（简称"保八条"），明确提出"推动前海建设再保险中心,支持设立各类再保险机构及为保险业发展提供配套服务的专业机构"。2016年3月,深圳市金融办与前海管理局联合印发《关于加快前海再保险中心建设的试点意见》,提出前海力争在5到10年内基本建设成为在东南亚地区有较强辐射影响力的区域性再保险中心的发展目标,前海再保险行业发展迎来了历史机遇。

(2)创新做法

为贯彻"新国十条"和"保八条"文件精神,推动前海再保险中心建设,前海金控联合中国邮政集团公司、深圳市远致投资有限公司等多家知名企业,发起了前海再保险公司。2016年3月25日,前海再保险公司正式获得中国保监会批准筹建,成为我国第一家混合所有制形式的独立再保险公司。前海再保险注册资本30亿元人民币,其中国有股东占比60%,民营股东占比40%,定位为综合性专业再保险公司,经营财产再保险和人寿再保险等各类再保险业务、投资业务、资产管理业务等。公司紧密围绕"立足前海、携手香港、聚焦中国、辐射东南亚"的战略定位,致力成为保险行业的风险管理专家和资本管理专家,打造创新型国际化再保险公司。

表4 前海再保险公司股权结构

发起人名称	企业性质	持股比例
前海金控	国有	20%
中国邮政	国有	20%
深圳远致投资	国有	20%
浙江爱仕达	上市	14.5%
福建七匹狼	上市	10.5%
深圳腾邦	上市	10%
启天控股	民营	5%
合计		100%

（3）创新成效

前海再保险股份有限公司成立以来，各项业务均衡快速发展。2016年12月9日，前海再保险获得A.M. Best（贝氏评级）颁发的"A-级（优秀）"财务实力评级（FSR）及"a-级"长期发行人信用评级（ICR），所有评级的展望均为稳定。截至目前，已推出三条业务主线，包括以定制化的非寿险再保解决方案为亮点的财产及意外险业务线，覆盖全部人寿及健康险领域的人寿及健康险业务线，以及围绕保险公司产品开发和精算需求的创新业务线。

（4）创新意义

前海再保险是境内获批的第一家社会资本主导发起设立的再保险公司，第四家中资法人再保险机构。其成立对优化国内再保险市场格局，增强再保险市场功能，推动保险业服务实体经济具有重要意义。

一是优化再保险市场格局，促进再保险市场发展。前海再保险的设立有利于优化国内再保险市场格局，引入竞争，充分发挥市场配置资源优势，提高行业整体运行效率，借助市场的力量促进再保险企业提升自身竞争力和国际影响力，开启再保险市场对内、对外双向开放的新局面。

二是创新风险管理机制，助力实体经济发展。成立前海再保险是贯彻落实"新国十条"文件精神的重要举措，配合深圳市巨灾保险试点，可以有效探索巨灾债券、保险连接债券等新型创新风险管理工具，分散和管理风险，促进实体经济稳定运行。

三是有利于引导再保险机构聚集，打造前海国际再保险中心。前海再保险公司成立的意义不仅在于其本身壮大了前海的保险行业的实力，还有利于引导各类再保险配套服务机构聚集前海，促进前海再保险中心建设。

6. 全国首创跨境碳资产回购融资业务

（1）创新做法

2013年深圳在国内率先启动碳交易试点，深圳碳排放权交易所是首家获得国家外汇管理局正式批复允许境外投资者（机构和个人）参与碳交易的交易所，并于2015—2016年度推出跨境碳资产回购融资业务，以碳配额为融资标的物，引进境外低成本资金助推深圳节能低碳工作。跨境碳资产回购业务是指回购方[即碳配额/CCER（中国核证减排量）持有者]向出资方（即金融机构或碳市场其他机构参与者）出售其拥有的碳配额/CCER，并约定在一定期限后按照约定价格回购所售配额，从而使回购方获得短期资金融通，具体创新做法体现在：

一是跨境交易模式创新。国外成熟碳交易市场均要求境外投资者在本区域内有注册子公司、办事处或注册地址，但前海碳交易所的境外会员开展跨境回购融资无需在中国开立任何分支机构。交易以人民币计价，多币种结算，且不受币种和额度的限制。

二是回购融资的风险控制创新。交易双方中的一方或双方可通过对配额市值进行打折、提供担保或申请采用履约保证金制度的方式降低违约风险。受双方委托，交易所可对出资方交易账户中的部分或全部碳资产进行冻结，并对出资方交易账户的交易进行监控和限制交易。

三是融资标的物创新。碳交易所参与了深圳碳交易立法，在国内率先为碳资产赋予财产权的性质和提供跨境回购融资的法律依据。

（2）创新成效

2016年3月，由深圳妈湾电力有限公司和BP公司在交易所的协助下，完成了国内首单跨境碳资产回购交易业务，妈湾以400万吨配额获得了BP公司上亿规模人民币的融资资金。

（3）创新意义

一是为境内企业拓宽融资渠道，降低融资成本。碳交易所的成立为企业碳资产创造估值和变现提供了途径，帮助境内企业实现多渠道融资，利用境外低成本资金降低企业融资成本。

二是助力企业节能减排，培育绿色金融新经济增长点。碳交易业务的融资资金用于企业节能减排，改善能源利用结构，促进实体经济发展；同时将吸引服务于经济低碳转型和可持续发展的金融机构，培育金融行业的新增长点。

三是形成跨境碳交易的可复制经验。碳交易作为前海跨境要素交易的创新业务，推动了前海资本的对外开放，形成跨境要素交易的可复制、可推广经验，这些经验可以应用到前海其他要素交易平台，或复制到其他自贸区。

7. 全国首例REITs①公募基金

2015年6月8日，中国证监会正式批复准予"鹏华前海万科REITs封闭式混合型发起式证券投资基金"注册（简称"前海REITs"）。2015年9月30日，前海REITs在深圳证券交易所开始上市交易，这是国内第一个真正意义上符合国际惯例的公募REITs产品。

（1）创新做法

前海REITs是国内首只在封闭期内投资目标公司股权以获取商业物业租金收益为目标的公募基金，在合同生效后的10年封闭运作期内，以不高于基金总资产50%的比例投资于前海万科企业公馆项目，并获取商业物业稳定的租金收益。同时，把不低于基金总资产的50%投资于依法发行或上市的股票、债券和货币市场工具等，

---

① REITs全称是Real Estate Investment Trusts，房地产信托投资基金。REITs是一种以发行收益凭证的方式汇集特定多数投资者的资金，由专门投资机构进行房地产投资经营管理，并将投资综合收益按比例分配给投资者的一种信托基金。

以获取固定收益类资产和低风险的二级市场权益类资产的投资收益机会。前海万科企业公馆总占地面积约9万平方米，项目总建筑面积约6万平方米，由前海开发投资控股有限公司与万科企业股份有限公司联手打造，是前海首个通过BOT（是英文Build-Operate-Transfer的缩写，直译为"建设—经营—转让"，实质上是基础设施投资、建设和经营的一种方式）土地开发模式为企业提供超甲级实体办公场所的创新项目。

（2）创新意义

前海REITs基金的落地，是前海金控主动对接国家战略，通过资本市场和金融创新优化资源配置，调整前海开发建设投融资结构的一次重要探索，也是对中央深化金融改革、发挥市场机制主导作用的执政理念的积极响应。

一是撬动更多的社会资本参与开发建设。在前海蛇口自贸片区开发建设进程中，通过前海REITs等市场化融资途径，可以有效盘活存量资产，加快建设资金流转速度，通过前海REITs收购建成物业或合作经营等创新模式，可以撬动更多的社会资本参与前海开发建设。

二是有利于建设服务型政府。政府不再需要单纯依靠税收减免政策来实现短期内的招商引资，可以充分发挥政府在引导和协调方面的优势，科学制定产业规划，合理安排产业布局，引导建设配套服务平台，完善区内营商环境，真正落实李克强总理在政府工作报告中提出的"建设服务型政府"的要求。

三是拓展了深圳金融市场的广度和深度。前海REITs基金在深交所挂牌后，为深圳资本市场增加投资品种，对股票、债券等市场形成有效补充，树立深圳证券市场创新形象，拓展了深圳金融市场的广度和深度。

五、前海法治建设改革创新

（一）前海法治建设改革创新概况

法治政府是前海的突出特点，也是前海的核心竞争力和主要驱动力。前海以建设"中国特色社会主义法治建设示范区"为有效抓手，深入贯彻全面依法治国重大战略部署，牢牢把握"法治化、国际化、便利化"方向，坚持法治改革创新优先，用好用足特区立法权和事权，确立接轨国际的前海特色法治规则。前海的法治创新工作既坚持了前海法治建设的特殊性，也兼顾了全国法治建设的一般性，以特殊性为基础开展法治创新，进而形成具有示范意义的一般性规律。

一是加强法治建设顶层设计。强化法治创新系统集成，出台《前海中国特色社会主义法治建设示范区规划纲要（2017—2020）》，这是全国自贸区、各类开发区中第一部关于法治建设顶层设计的规划文件。实行基础性立法、产业性规定和配套性制度三管齐下，出台具有前海特色的法规、规章制度和规范性文件100余项，形成"条例+办法+指引"梯次型规则格局，确保前海开发建设各领域有章可循、有法可依。

二是推进司法体制改革创新。前海法院是全国首批司法综合改革基层示范法院，推进"以庭审为中心"的诉讼机制改革，在国内首创庭前会议制度，增强实体裁决的透明度和公信度；构筑深港深度融合法治环境，首创"港籍调解"与"港籍陪审"制度，首单适用香港法律的经济纠纷案件在前海审结，实现前海适用香港法律的重大突破。成立前海蛇口自贸区检察院，探索符合现代服务业发展的法律监督机制,探索特殊案件的跨行业管辖,统一负责全市知识产权刑事案件,并对全市涉外、涉港澳台地区民商事案件进行监督。

三是构建国际化法律服务体系。推动粤港澳法律服务业融合,广东自贸试验区内10家粤港合伙联营律师事务所试点中7家落户前海;成立粤港澳商事调解联盟,联合粤港澳地区13家主要商事调解机构,为中外当事人解决涉及境内外的商事纠纷提供专业服务,推动商事争议解决服务多元化、国际化。建设国际一流的仲裁服务高地,设立全国第一家按法定机构模式治理的仲裁机构——深圳国际仲裁院,共有来自50多个国家或地区的仲裁员870名,组建全国唯一的自贸区仲裁联盟,实现联合国贸法会仲裁规则在国内首次落地。完善前海基础法律服务体系,最高人民法院在前海设立中国港澳台地区和外国法律查明"一中心,两基地",这是目前唯一的国家级法律查明基地;成立深圳(前海)知识产权保护中心(暨知识产权快速维权援助中心),填补了华南地区知识产权司法鉴定机构空白。

四是创新反腐倡廉体制机制。借鉴香港廉政公署做法,成立前海廉政监督局,着眼于打造"廉洁示范区",探索建立与我国政治体制相符合、与现行法律制度相配套、与全面从严治党相适应的反腐倡廉新机制、新模式以及新途径,在全国率先构建起纪检、监察、检察、公安和审计"五位一体"廉政监督新机制。搭建前海廉情预警平台,建立前海廉政风险防控与预警数据中心,有效防范前海开发开放重点领域和关键环节的廉洁风险。

作为国家唯一的中国特色社会主义法治建设示范区,前海的法治建设肩负着创新、先导、引领和示范的历史使命。法治创新既是前海改革发展的内在要求,也是全面推进依法治国背景下,前海作为法治特区探索法治建设新路径、新模式的历史担当。前海的法治创新工作,一方面要利于前海的改革发展事业,利于前海各项战略的稳步推进。另一方面，也要与中央依法治国顶层设计相符合，形成在全国具有示范意义的法治建设新模式。

（二）前海法治建设改革创新亮点集成

1. 推进内地与港澳律师事务所合伙联营试点

（1）创新做法

根据《司法部关于同意在广东省开展内地律师事务所与港澳律师事务所合伙联营试点工作的批复》，前海推进内地与港澳律师事务所合伙联营创新的主要内容包括：

一是合伙型联营的方式。内地律师事务所与香港或澳门律师事务所可在广东指定的试点区域实行合伙型联营。即由一家或多家香港（澳门）律师事务所与一家内地律师事务所，按照协议约定的权利和义务，在广东省内试点地区组建合伙型联营律师事务所，以联营律师事务所的名义对外提供法律服务，承担法律责任。联营律师事务所采取特殊的普通合伙形式设立。

二是参加合伙联营的律师事务所的条件。香港（澳门）律师事务所须在香港、澳门从事法律服务经营满5年，并有10名以上执业律师，且在申请联营前3年内本所未受过香港、澳门律师监管机构处罚，驻内地代表机构未受过内地监管部门处罚等；内地律师事务所须是成立5年以上的合伙律师事务所，并有30名以上执业律师，本所设在广东省内或设在其他省、自治区、直辖市但已在广东省内设立分所，申请联营前3年内本所及设在广东省的分所未受过行政处罚和行业处分等。

三是合伙联营出资方面。按照部颁规章对特殊的普通合伙律师事务所设立条件的规定，参照广东企业登记制度改革的做法，设立合伙型联营律师事务所的最低出资额拟为500万—1000万元人民币，可采用认缴出资的方式，申请联营时实际出资不少于认缴额的30%。参与联营的港澳一方的出资比例均应当低于内地律师事务所的出资比例，联营律师事务所负责人应当在内地律师事务所派驻律师中产生。

四是合伙联营业务方面。合伙联营律师事务所只能受理承办民商事领域的诉讼、非诉讼法律事务，不得受理承办涉及内地法律适用的刑事诉讼、行政诉讼法律事务。内地一方派驻律师办理业务，执行《律师法》和《律师执业管理办法》的规定；港澳一方派驻律师办理业务，执行《香港澳门特别行政区律师事务所驻内地代表机构管理办法》的规定，不得承办内地法律事务。对联营律师事务所受理的业务，由各方派驻律师按上述原则分工协作、合作办理。

五是联营律师事务所的内部管理。为促进联营律师事务所内部实现有效管理，联营律师事务所应当统一向当事人收取律师服务费用，允许联营律师事务所聘用助理、文秘和其他辅助工作人员。联营律师事务所应当建立律师职业责任保险制度，联营律师事务所及其派驻律师因执业违法或过错给当事人造成损失的，按照特殊普通合伙的责任机制以及合伙联营协议约定的方式对其债务承担责任。同时，联营律师事务所可以设立管理委员会，成员由联营各方从其派驻律师中推选。

六是合伙联营的监督管理。由省司法厅会同相关地市司法局对联营律师事务所执业情况进行监督指导。联营律师事务所所在地的地市司法局对联营律师事务所的执业活动实施日常监管，市律师协会对联营律师事务所及其律师的执业活动实施行业管理。联营港澳一方的派驻律师可以"港澳律师会员"的身份加入省、市律师协会，参与律师协会的活动，接受行业管理。

（2）创新成效

2014年11月13日，中国首家内地—香港合伙联营律师事务所——华商林李黎（前海）联营律师事务所领到了执业证书。截至2016年底，全国10家粤港澳联营所中，7家落户前海，前海粤港联营律师事务所试点得到进一步深化，初步形成行业聚集效应，前海粤港合伙联营律师事务所发展态势良好。

一是各项业务拓展迅速。华商林李黎（前海）联营律师事务所受聘担任前海管理局常年法律顾问；受聘担任哈尔滨经济技术开发区与哈尔滨高新技术开发区的金融法律顾问，为开发区的发展规划以及区内企业的项目融资、资本运作提供法律服务；同时该所还积极参与前海电子商务要素交易平台、跨境金融、工程招投标、房地产等行业，为多家大型企事业单位提供法律服务，如为深圳市投资控股有限公司的深圳湾科技生态园项目（建筑面积188万平方米）提供了项目融资（100亿元中期票据、60亿元短期融资券）、项目决策、项目管理、项目招投标、工程建设、工程保险、项目租售、项目运营等一站式法律服务。

二是法律组织建设取得进展。华商林李黎（前海）联营律师事务所推动建立全球华语律师联盟，提高华人律师在国际法律服务中的话语权，推动前海法治创新及中国法律与"一带一路"沿线国家的法律研究。协助"律伴"法律服务互联网平台落地前海，"律伴"系由广东华商律师事务所律师创办的，已经成为全国最大的拥有最多真实律师、最大交互量、唯一对律师全免费的实时交互型法律电商平台。每天超过10万用户浏览律伴行网，律师已通过律伴为客户解答法律问题超过11.2万次。"律伴"目前已成为助力律师业发展，解决百姓现实需求，助力国家依法治国的有力手段。

（3）创新意义

前海推进内地与港澳律师事务所合伙联营创新，促进了三地律所建立更紧密型联营关系，进一步密切三地律师业合作。这一探索是落实《〈内地与香港关于建立更紧密经贸关系的安排〉补充协议八》要求密切内地与香港（澳门）律师业合作的有效措施，有利于推进内地律所与香港（澳门）律所资源整合、优势互补，共同提升三地律师服务水平和竞争力，有利于"一国两制"方针的贯彻实施。

2. 建设粤港澳商事调解联盟合作机制

深圳国际仲裁院以该院调解中心为平台，联合粤港澳地区12家主要商事调解机构，于2013年12月7日在深圳前海正式成立"粤港澳商事调解联盟"。

（1）创新做法

一是调解联盟的机构设置。调解联盟的12家主流的商事调解机构包括：深圳国际仲裁院调解中心、深圳证券期货业纠纷调解中心、中国对外贸易中心（广交会投诉站）、广东省民营企业投诉中心、深圳外商投资企业协会商事调解委员会、深圳市总商会调解仲裁中心、香港中国企业协会商事调解委员会、香港联合调解专线办事处、香港国际仲裁中心香港调解会、香港仲裁司学会、香港测量师学会和香港和解中心正式入驻前海提供服务。2014年调解联盟成员机构增至14家，覆盖粤港澳地区主要商事调解机构。

调解联盟秘书处设在前海的深圳国际仲裁院，负责调解联盟的日常工作。调解联盟主席将分别由粤、港、澳地区的有关人士轮流担任。该调解联盟作为一个开放性的合作平台，对所有符合条件的商事调解机构开放。

二是法律界的专业人士参与专业法律服务的多种角色。

角色之一：代理人。在调解联盟处理的调解案件及"调解+仲裁"案件中,两地律师可以作为当事人的代理人参与到跨境商事纠纷的处理当中,发挥各自重要的作用。

角色之二:专家证人。随着前海合作区的发展,会有更多的交易选择适用香港法和外国法,也会有更多的境外律师以专家证人的角色出现在前海国际商事纠纷解决的实践中。

角色之三:仲裁员。调解联盟构建了与深圳国际仲裁院的密切结合机制,深圳国际仲裁院已建立了目前中国内地最为国际化的仲裁员结构。现行仲裁员名册的870名仲裁员中,来自50个国家和地区的境外人士共计353人,占总人数的40.6%。其中,香港籍仲裁员88名,加上在香港工作和居住的外籍和内地仲裁员,共有146名仲裁员来自香港特别行政区,占仲裁员总数的16.8%。

角色之四:调解员。调解联盟平台的成立和发展,将联合14家成员机构,积极推广商事调解服务,提升粤港澳三地的调解专业水平。

角色之五:专业培训导师。调解联盟首次成功推出粤港澳三地认可的商事调解联合培训课程,该课程的培训内容包括粤港澳三地商事调解内容,邀请了粤港澳三地的专业人士担任培训导师。

三是"港式调解+内地国际仲裁"模式。调解联盟积极推动各机构深入合作,吸引更多的港澳籍专业人士在自贸区提供专业服务,积极推进联盟网络调解、优化案件转递流程和办理规则。目前,调解联盟已经构建了一个通过调解、"调解+仲裁"等方式解决境内外商事纠纷的有效平台,包括香港当事人在内的当事人可以非常便利地通过调解、"调解+仲裁"机制解决境内外商事纠纷,包括香港在内的律师、调解员、仲裁员等境内外专业人士,均可以方便地参与其中,发挥各自的专业技能。"港式调解+内地国际仲裁"是在两种不同司法制度下有效、快捷、节省金钱及司法资源地解决跨境商事纠纷的最佳方法之一。

（2）创新成效

2014年12月，调解联盟受理的首宗案件即为两名香港当事人之间的纠纷，涉案金额5000万港元，经过港籍调解员在前海7个小时的调解，顺利解决。

2015年6月，由深圳国际仲裁院主导的调解联盟举行了第一届粤港澳商事调解论坛"跨境商事调解与自贸区法治环境"研讨会，粤港澳三地的调解机构专业人士与最高法院法官一起就三地司法改革情况、调解合作与实践的最新情况展开了深入交流。

2015年8月25日，深圳前海合作区人民法院委托粤港澳商事调解联盟成功调解首宗涉案金额为人民币230余万元的股权转让诉讼案件，联盟调解顺畅有效地运行。

2015年11月，调解联盟在香港联合调解专线办及香港和解中心的配合下，推出粤港澳三地调解员联合培训及资格互认机制，标志着三地调解员资格互认机制正式启动。三地有志于从事商事调解服务的专业人士，通过一次培训和考试，即可同时获得粤港澳三地有关机构均认可的调解员资格。

（3）创新意义

调解联盟的成立和发展整合了粤港澳地区的商事调解资源，加强商事调解服务机构之间的业务交流和合作，共同提升粤港澳地区商事调解服务水平和在亚太地区的整体地位。调解联盟不仅使前海的商事争议解决服务更加多元化，也有力地推动了商事争议解决服务的国际化。调解联盟为包括香港商人在内的当事人利用调解联盟的争议解决服务机制解决涉及境内外的商事纠纷提供有益借鉴。

3. 创建域外法律服务公共平台

2015年9月20日,中国港澳台和外国法律查明研究中心、最高人民法院港澳台和外国法律查明研究基地,以及最高人民法院港澳台和外国法律查明基地,在深圳举行揭牌仪式,正式落户前海。

(1)创新做法

中国港澳台和外国法律查明研究中心由最高人民法院、中国法学会和国家司法文明协同创新中心共同支持设立,汇聚了中国政法大学外国法查明研究中心、西南政法大学中国—东盟法律研究中心、法律出版社、深圳市蓝海现代法律服务发展中心(简称"蓝海法律中心")等机构和研究部门的法律专家资源。中国港澳台和外国法律查明研究中心承担法律查明工作的公共服务建设、推动建立"一带一路"沿线国家和地区法律库、整理完善域外法适用的案例库、建立法律查明网络信息平台等任务。

与此同时,最高人民法院还在前海法院建立了最高人民法院港澳台和外国法律查明研究基地,负责加强法院系统内部的涉外审批业务交流,开展港澳台法律查明和适用研究,完善涉外审判案例库;在蓝海法律中心设立最高人民法院港澳台和外国法律查明基地,负责依托域内外法律专家资源优势,查明港澳台地区和外国法律。

(2)创新成效

国家级法律查明"一中心,两基地"是由蓝海法律中心与深圳市前海管理局、前海合作区人民法院联合申报的。从目前实践来看,蓝海法律查明平台运转良好,匹配迅速,已经成功查明巴西、阿根廷、美国、开曼群岛、瑞士等国家和港澳地区的法律。面对当事人要求查明巴西、阿根廷等南美地区的法律,原以为将难以迅速匹配成功,但事实上在平台发布信息仅两个小时,当地的专家就予以了回应,香港合作机构的律师也在24小时内给予回复,查明平台反应快、效率高的优势非常突出。

一是优质高效践行"四为"工作目标。蓝海法律中心目前已经与国内十九所高校、域外一百二十多家法律机构建立合作关系，以平台式服务接受广泛的咨询委托，以"四为"作为努力方向和工作目标，即为司法和仲裁机关解决纠纷服务，为立法机构借鉴国外立法经验服务，为政府部门提高治理能力服务，为企业跨境商贸活动服务。

二是以丰富多彩的法律文化活动，助力"一带一路"和"走出去"。蓝海法律中心携手深圳市法学会和罗湖（法院）法律文化书院，常年举办"深圳法治论坛"，采用线上微信会和线下现场会的形式，每月组织高端法律文化活动，搭建法律职业共同体沟通桥梁。目前已经成功举办20期，莅临的国内外著名专家学者近百名，论坛主题包括"揭秘美国反腐利器——《反海外腐败法》对中国企业海外投资的影响与启示""跨境投资法律风险防范与纠纷解决""企业知识产权：战略选择与资本运营""企业家刑事风险"等，听众累计过万，影响力不断扩大。

三是域外法律查明平台的建设得到了广泛认可。入选广东自贸试验区首批创新案例，获评"深圳2015年十大法治事件"时给出的评语是"一个中心，两个基地，三个国家级平台共同打造出接轨国际的营商法治环境，它为中国企业'走出去'提供法律服务和保障，为外国企业'走进来'打造优良法治环境"。"一中心，两基地"让国内法律查明机构选择在此"结盟"，让法律查明的跨地跨界资源选择在此整合。这是深圳法治建设的吸引力，更是深圳法治城市的骄傲。

（3）创新意义

蓝海法律中心作为一家注册在广东自贸试验区前海蛇口片区的法律类民办非企业组织，在成立不到两年的时间里广泛聚合了国内外法律专家资源,建成了全国首个外国法查明平台,为自贸试验区法律查明工作的推进积累了丰富的案例和实践操作经验,为深圳法治建设乃至全国法治建设做出了贡献。

六、前海体制机制改革创新

(一)前海体制机制改革的历史背景

1. 从国家层面看,我国行政体制改革已进入"放管服"新时代

经济基础决定上层建筑,我国的行政管理体制脱胎于计划经济时代的行政管理模式,随经济体制改革的不断深入,计划经济时代的行政管理体制越来越不适应市场经济发展的客观要求,为了适应和促进市场经济的进一步快速发展,我国的行政管理体制存在改革创新的内在需要。随着对外开放的不断推进,我国经济已深度融入全球经济之中,也要求必须建立与国际接轨的行政管理体制和制度。十八大以来,新一届中央领导集体将政府职能转变作为深化行政管理体制机制改革的核心,将深化行政审批制度改革作为转变政府职能的突破口,明确提出了"放管服"行政管理体制机制改革理念。

2. 从深圳实际来看,深圳已进行了七轮行政管理体制改革

深圳经济特区是全国市场经济的改革先锋,在探索市场经济改革的过程中,计划体制的束缚还普遍存在,旧的行政管理体制所带来的矛盾和问题较为突出。作为经济特区,依托先行先试的特区政策和改革创新的精神,在担负市场经济体制改革重任的同时,也肩负起为全国行政管理体制改革探路的使命。深圳市委市政府在大力推进市场经济体制改革的同时,先后进行了七轮的行政体制改革,稳步推进以转变政府职能、提高政府效率为核心的改革探索。

3. 自贸区承担了新时代体制机制改革的历史新使命

纵观上海、广东、天津和福建两批中国自贸试验区总体方案，中央政府都较明确地提出，自贸区肩负着我国在新时期加快政府职能转变，积极探索管理模式创新，促进贸易和投资便利化，为全面深化改革和扩大开放探索新途径，积累新经验的重要使命。在近年来自贸区改革实践中，行政管理体制改革已经成为各类重点任务改革的核心，全面贯穿于投资体制改革、贸易便利化改革、金融改革等其他各项改革。可以说，自贸区承担了新时代体制机制改革的历史新使命。①

（二）前海体制机制改革创新概况

前海蛇口自贸片区成立以来，瞄准我国行政体制机制改革创新的方向，积极探索以法定机构为支撑的市场化政府治理新路径。作为全国首个以法定机构模式主导区域开发治理的政府机构，前海管理局确立了精简高效的企业化管理、市场化运作模式，仅以105名员额，先后承接了省、市下放的涉及经济、城市建设等领域的3批次共131项行政管理权限，并将市场监管、地税、公安、人力资源保障等部门的81项事项纳入e站通服务中心统一办理，构建流程最佳、环节最少、时间最短、服务最优的并联审批服务模式，形成"政府职能+前海法定机构+咨委会社会机构"的市场化政府治理新格局，实现以精简的行政编制高效撬动片区建设发展的目标，为政府职能转变探索了新路径。同时积极推动人才引进机制、资格互认机制、绩效考核机制等多个领域的体制机制创新。

---

① 艾德洲. 中国自贸区行政管理体制改革探索[J]. 中国行政管理，2017（10）

（三）前海体制机制改革亮点集成

1. 市场化政府运营模式

（1）创新做法

一是以立法形式确定法定机构管理模式。2010年2月，前海管理局作为市政府直属派出机构正式挂牌设立，实行企业化管理、市场化运作。2010年8月，国务院批复《前海深港现代服务业合作区总体发展规划》，明确提出"按照精简高效、机制灵活的原则成立管理机构，探索完善法定机构运作模式，负责前海管理、开发工作；组建前海开发公司，负责区内土地一级开发和基础设施建设"。2011年7月，深圳市五届人大常委会第九次会议行使特区立法权，表决通过《深圳经济特区前海深港现代服务业合作区条例》，深圳市政府随后颁布《深圳市前海深港现代服务业合作区管理局暂行办法》和《深圳市前海湾保税港区管理暂行办法》，通过政府立法，以前海"一条例两办法"，确立法定机构管理模式。

二是享有相当于单列市管理权限的区域管理体。2010年，国家发改委相关批复明确要求"落实前海管理机构享有相当于计划单列市管理权限的政策，积极创造条件，下放审批权限，简化办理程序"。根据国务院授权，前海在非金融产业项目上，行使相当于计划单列市的管理权限。前海管理局先后承接了省、市下放的涉及经济、城市建设等领域的3批次共131项行政管理权限，并将市场监管、地税、公安、人力资源保障等部门的81项事项纳入前海管理局e站通服务中心统一办理。

三是工作机制创新。在中央层面，设立了前海部际联席会议机制，由国家发改委召集，30多个部委共同参与，作为最高政策协调和议事决策机构；在省级层面，由省自贸办负责对片区建设进行业务指导；市级层面，设立了前海蛇口片区及前海开发建设领导小组，负责前海蛇口片区建设及前海开发开放中的重大事项决策和重大问题解决。

四是机构设置创新。2015年5月，广东自贸试验区正式挂牌后，进一步优化调整内设机构，片区管委会在前海管理局加挂牌子，实现前海管理局与片区管委会一体化运作。目前，片区管委会（前海管理局）设置了15个处室，组织架构高度精简，实行扁平化运作，与多个市直部门职能相对应；管理局下辖3家直属企业（前海投控、前海金控、前海联控）。

五是探索合营模式。前海管理局与招商局集团成立合资公司，大力推进市场化运作模式，力争通过3—5年的努力，构建"小政府、大社会"的治理新体制，探索片区管理运营新模式。

六是强化日常监督。深圳市委成立前海廉政监督局，由市纪委归口管理，负责片区党风政风廉洁监督工作，集中履行纪检、监察、检察、公安经侦、审计等职能。廉政监督局局长兼任前海管理局党组成员，由市检察、公安经侦、审计部门派驻专门人员进行日常监督，实现日常化全方位监督，致力打造与国际接轨的廉洁示范区。

七是创新科学化的人才选用和发展体系。前海管理局坚持市场化、企业化管理运作，最大限度发挥市场配置资源决定性作用，为政府职能转变、机关事业单位改革和干部人事制度改革先行探索。首先是选人用人市场化。深圳市编办进一步下放机构编制管理权限，在前海管理局现有机构设置基础上，明确不再核定新增员额，由前海管理局自主抓好管理。其次是探索人才发展多元化。前海管理局机关干部除了晋升行政职务外，探索设立"管理+专业"两个通道，建立不同的职级体系，拓宽人才发展空间。最后是探索薪酬体系绩效化。不断建立健全制度化、科学化的薪酬激励体系。

　　八是以需求和问题为导向，进行大部门制架构设计。行政管理体制改革的目标是提高效能和建设服务型政府，但是从逻辑上深入分析，在具体问题或短期目标实现过程中，服务型政府和提高行政效能存在一定的冲突。根据实际需要人为地进行调整就又会偏离行政管理体制改革的初衷。前海管理局的大部门制架构设计具有鲜明的服务导向，行政职能虽专注于片区管理，但实际运行更倾向于园区运营，作为运营者，一切以市场主体入驻和入驻市场主体的需求为导向，整合或新创对口部门，专注审批和市场监管，为市场主体提供引导式服务。

　　（2）创新成效

　　在中山大学主导的《前海蛇口自贸片区体制机制与审批制度创新第三方评估报告》中，项目评估组对前海市场化政府运营模式给予高度评价，指出法定机构试点具有较好的宣传作用。其他自贸区管委会、各省市政府工作人员、自贸区入驻企业和专家学者都对法定机构持肯定态度，并且在一些内陆省份，青年企业家和创业者对法定机构抱有浓厚的兴趣。项目组认为，法定机构试点可以作为中国自贸试验区改革的名片，形成自贸试验区宣传的标杆效应。2016年8月25日，按照企业化组织、市场化运作的"法定机构"——上海陆家嘴金融城发展局正式投入运作。

　　（3）创新意义

　　前海市场化政府运营模式是政府管治权威和企业化运作灵活相结合的行政综合管理服务机制，这一创新模式是对习近平总书记视察前海时提出"前海可以在法治方面进行探索、突破"的重要指示精神的贯彻落实。

　　前海管理局是全国首个以法定机构模式主导区域开发治理的政府机构，叠加自贸区战略后，逐步构建完善以法定机构为主导的

"政府职能+前海法定机构+蛇口企业机构+咨委会社会机构"的市场化政府治理新格局。其制度创新经验对其他自贸区的政府运作具有示范意义。

2. 人才引进体制机制创新

深圳前海先后出台《深圳前海深港现代服务业合作区境外高端人才和紧缺人才个人所得税财政补贴暂行办法》《前海深港现代服务业合作区境外高端人才和紧缺人才认定暂行办法》《前海深港现代服务业合作区境外高端人才和紧缺人才认定暂行办法实施细则（试行）》等政策，加快推进人才引进的体制机制创新。

（1）创新做法

一是实施接轨国际的优惠政策，让人才"想进来"。新加坡、迪拜、中国香港等国家和地区都实行低税率政策，吸引了大量人才，对当地的发展起到了很大的作用。根据国务院的批复，出台了《深圳前海境外高端人才和紧缺人才个人所得税财政补贴暂行办法》，对境外人才缴纳的个税超过15%的部分给予补贴。

二是降低执业从业的准入门槛，让人才"能进来"。创新开展内地与港澳律师事务所合伙联营试点、港资工程建设项目试点等工作，突破体制机制的障碍，引进前海急需的香港律师、建筑师等专业人才。并先后制定香港注册税务师、会计师、房屋经理等相关人才引入政策，推动香港专业人士到前海执业从业。

三是提供出入境和生活居留便利，让人才"留下来"。出台《前海外籍高层次人才居留管理暂行办法》，把外籍人才的工作签证由原来1—2年延长到2—5年，符合条件的还可以申请长期居留。争取到工信部的批复，积极建设国际通信专用通道，为前海人才提供优越的跨境通信环境。发行"前海卡"，前海与香港互打电话不再收取国际漫游费用，大大降低了人才通信成本。此外，还筹集4717套前海人才公寓，配套规划建设5所国际学校、1家国际医院，吸引人才在前海安居乐业。成立"前海人才服务中心"，为人才提供一站式政务和公共服务。

四是建立交流成长机制，让人才"聚起来"。制定深港人才合作年会制度，连续三年举办"前海深港人才合作年会"，同步召开深港行业协会交流会、前海人才管理改革试验区建设研讨会，并挂牌成立"前海深港博士后交流驿站""前海留学人员创业园"。

五是着手打造"国际人才自由港"。为更好地更高层次地推动人才工作，为实施战略任务提供人才保障，前海管理局提出打造"国际人才自由港"的设想，以建设国际人才自由港为主攻方向，以自贸区和深港合作区建设为战略路径，以"人才出入境居留自由、人才执业从业自由、人才创新创业自由、人才投资兴业自由、人才智力交流自由、人才生活便利自由、人才法治制度保障"七大方面人才服务措施为抓手，将前海蛇口自贸片区建设成为全面对接"一带一路"建设、具有全球影响力和中国特色的国际化人才试验区。

（2）创新成效

2014年，前海实施了首批境外人才的认定和个税补贴工作，共认定23名境外人才，并发放个税补贴441万元。2016年，前海第三批境外高端人才和紧缺人才认定工作实施，人才申报数量和个税补贴金额大幅提升，认定境外人才156名，约为2015年的2倍；个税补贴达到6100万元，约为2015年的3倍，其中中国香港籍74人、中国台湾籍22人、外国籍33人，各占44.3%、13.2%、19.7%，逐年呈倍数增长趋势。截至2016年底，累计认定境外高端人才和紧缺人才250人次，个税补贴合计8441万元。

3. 深港职业资格互认机制创新

（1）创新过程

"国务院支持前海的22条优惠政策"明确提出，"允许取得香港执业资格的专业人士直接为前海企业和居民提供专业服务，服务范围限定在前海内，具体政策措施及管理办法由行业主管部门商有关方面制定"。2012年，深圳市府办专门印发《关于香港专业服务人才在前海直接提供服务的试点方案》，推动相关部门出台了引进香港专业人士相关政策。

2012年12月，深圳市国家税务局、深圳市地方税务局发布《香港注册税务师服务深圳前海深港现代服务业合作区管理暂行办法》，经国家税务总局批准，深圳开展香港注册税务师服务深圳前海深港现代服务业合作区试点工作。

2013年1月，深圳市政府五届七十二次常务会议审议通过《香港特别行政区会计专业人士申请成为前海深港现代服务业合作区会计师事务所合伙人暂行办法》，对具备中国注册会计师执业资格及香港会计师公会会员资格，同时持有香港永久性居民身份证的香港会计专业人士可依据办法在前海申请设立会计师事务所。

2013年6月，深圳市社工行业正式颁布了《香港社工来深执业管理办法》，规定了香港注册社工可以以个人身份来深执业，在经过深圳市社会工作者协会对其进行认证与备案后，香港社工可以为深圳市民开展社工服务。

2014年6月，根据深圳市政府批准的《香港房屋经理前海执业资格认定试点方案》，深圳市物业管理协会与香港房屋经理学会签订《香港房屋经理前海执业资格认定协议书》，引进香港先进物业管理理念和专业技术人才。

2014年11月，中国首家内地—香港合伙联营律师事务所——华商林李黎（前海）联营律师事务所领到了执业证书。之后又陆续有诚公顾叶（前海）联营律师事务所、锦天城史蒂文生黄（前海）联营律师事务所、国信信扬麦家荣（前海）联营律师事务所等。

2015年3月，香港资讯科技联会和深圳市计算机用户协会在香港签订《深圳前海人才交流及资讯科技资质互认协议》，探索两地科技咨询界专业人士的人才培训、高层交流及相关资格认可机制。

2015年11月，由华南国际经济贸易仲裁委员会（深圳国际仲裁院）调解中心联合粤港澳地区主要的商事调解机构在深圳前海共同创立的粤港澳商事调解联盟，举办了粤港澳商事调解联盟商事调解培训课程，通过"一次培训，三地认可"的模式，认可粤港澳三地调解员。

2016年1月，深圳市前海管理局、深圳国际仲裁院（简称SCIA）在前海举行SCIA香港仲裁员聘书颁发仪式暨培训会议，充分发挥香港仲裁员在深圳国际仲裁、建设现代化国际化创新型城市中的作用。

（2）创新成效

前海发挥先行先试优势，通过多种特殊机制安排，推动香港专业人士到前海执业从业，意义深远。2013年9月，香港社工孔繁伟在深圳市社会工作者协会办理注册，成为在深圳注册的首位香港社工。2014年6月，首批18名香港注册税务师通过服务深圳前海深港现代服务业合作区执业培训考核，获得了证书。2016年6月，146名来自香港的仲裁员获颁聘书，越来越多的香港专业人士到前海执业从业。截至目前，通过资格认定、合伙联营等特殊机制安排，深圳引进香港注册税务师、注册会计师、房屋经理、社工、调解员、仲裁员、律师、资讯科技界人才等10多类香港专业人士到前海执业从业。

4."1855"绩效评估机制

根据深圳市前海管理局印发的"2014年绩效考核方案",前海全面实施绩效评估"1855"工程。建立"以岗位价值决定职级,以职级决定薪酬水平,以业绩决定考核奖金"的职级、薪酬、绩效联动框架,对前海人力资源管理体系进行了优化。

（1）创新做法

一是科学制定考核指标。运用绩效管理VGMA[V（愿景）、G（目标）、M（衡量指标）、A（行动计划）]理念,根据市委市政府文件、2014年创新工作要点、全局年度重点工作等要求,前海管理局梳理出82项重点工作任务目标,逐一分解到各个处室,并通过签订考核责任书的形式,明确每个任务的措施和考核指标,把前海开发建设的任务压力传导到每个处室、每个干部身上,确保前海各项任务的落实。

二是注重动态过程管理。建立全局督办制度,督查专员一岗专责,每个处室指定一名督办员,每月上报工作进度。实施绩效面谈制度,按照一级谈一级的原则,每个季度局长对副局长进行面谈、副局长对分管处室的负责人进行面谈,听取重点任务完成情况。半年开展一次工作述职,作为中期阶段性总结回顾,年底进行年终考核,形成"月度跟进—季度面谈—半年述职—年终考核"的动态绩效考核链条,时刻灌输绩效考核理念和督促任务的落实。

三是合理设置考核方式。在考核方式上,为体现组织业绩和个人贡献的关系,分别对处室和个人进行考核,并突出"两个挂钩":首先是处室考核与处室负责人的考核挂钩,处室考核结果直接作为处室负责人的考核结果,以体现处室负责人作为主体责任的作用;其次是处室考核与处室干部考核结果分布直接挂钩,被评为优秀的处室,优秀干部的比例就高,反之则少,以体现个人对组织的贡献和集体荣誉感。同时进行扁平化管理，充分授权和施压处室负责人。处室副职及以下干部的考核结果由处室负责人说了算，把评估干部的压力交给处室负责人。

四是科学设置考核权重。在对权重设置上，综合考虑机关和市场化考核的因素，突出以下几点：首先是强化主要局领导和分管局领导的考核权重，按照局长40%、分管副局长20%、其他局领导成员40%的比例，对处室的工作业绩进行考评；其次是强调突出协作，由处室负责人互相考评处室的沟通协作情况，并按照工作业绩和沟通协作8∶2的权重得出处室的考核结果。

五是考核结果强制分布。处室和个人的考核结果分为卓越S、优秀A、合格B、须改进C、不合格D五个等级，结果按照S∶（A+B）∶C∶D=1∶8∶0.5∶0.5，即达到"1855"的强制分布。被评为S和A的处室不超过总数的1/3，评为C和D的处室原则上不少于1个。当处室考核等级为S或A时，该处室可以没有D级员工，并可适当提高S级和A级员工比例；当处室绩效考核结果为C或D时，该处室必须要评出C级和D级员工，并且没有S级员工，以达到奖优惩劣的作用。但是，强制分布也不是机械分布，在优秀处室干得不好的干部也可以评为较差等级。

六是依法运用考核结果。把考核结果作为核发绩效工资、调薪、晋（降）级、调岗、培训、解聘等重要依据，强化考核结果的运用。为充分发挥绩效考核激励与约束的作用，前海管理局采取市场化的激励手段，加大了固定薪酬和浮动薪酬的比例，固浮比最高可达6∶4，其中，固定薪酬作为基本工资每月发放，浮动薪酬作为绩效工资，根据考核情况核发，严格与绩效考核结果挂钩。考核等级越好，绩效工资系数越高，反之则低，被评为C级和D级人员的绩效工资系数分别只有0.8和0.5。同时，考核等级为B级及以上人员还可适当上调薪点，考核等级为C级人员的薪级维持不变，D级人员则要下调薪点，并列入预淘汰名单，如在下一次考核中绩效等级仍为D，则直接解除劳动合同或不再续签劳动合同。以上做法符合《劳动合同法》的规定。

七是人性化关怀后进干部。注重做好考核结果的反馈和沟通，畅通申诉渠道。针对绩效考核等级较差的人员，由分管局领导进行谈话，帮助其发现自己的不足，确立改进和努力的方向。同时，采取人性化的措施给予关怀，进行差异化管理，提供有针对性的培训，激发潜能和提高技能以适应岗位需求，有的则帮助其谋出路，发挥干部自身的能力和特点，进行适当调岗，做到人尽其才、才尽其用。

（2）创新成效

一是干部队伍形成了统一认识和目标。据介绍，"1855"工程实施初期给干部带来很大压力，刚开始有干部不理解、不接受，尤其是50多名来自机关事业单位的干部，较为抵触。但通过持续的沟通，并在体制外人员的相互交流和影响下，以及在工作中看到动力和活力的激发，转变了观念，对此表示认可、支持并主动参与。前海管理局上下形成了进行绩效考核的共识。

二是推动前海开发开放的全面提速。2014年全局重点任务完成率达到90%以上，在深港合作、金融创新、新城建设、制度创新、法治建设等方面都取得重大突破，这些任务的落实和工作的成效与绩效管理所调动的工作积极性密切相关。

三是逐渐形成前海绩效管理文化特色。通过实施"1855"工程，搭建起激励与约束并重的绩效考核体系，全局上下形成了比学赶超、你追我赶、相互支持、相互配合、合理奋进的干事创业氛围，"前海不养懒人"的绩效管理文化日益深入人心。

（3）创新意义

一是探索了一套符合现代服务业发展的干部管理体系。充分发挥前海法定机构管理机制在用人机制和薪酬体系方面的灵活性，通过科学制定考核指标、合理分配考核权重、注重动态过程管理、正确运用考核结果等，真正动真格开展绩效考核工作，按强制比例对干部进行合理排序，奖优惩劣，从而改变干好干坏一个样的传统考核模式，探索建立一套能上能下、能进能出，与市场接轨、符合现代服务业发展需要的干部管理体系。

二是对全国干部管理制度创新的示范效应。前海绩效评估考核体系自2014年实施以来，日益成为各界关注的焦点和深圳改革创新的亮点。福建、江西、广州等地来前海考察时，了解到前海在实施"1855"工程，都非常感兴趣，并专门派人前来学习。

七、前海土地制度改革创新

（一）前海土地改革的历史背景

1. 深圳成为国家土地管理制度改革的综合试点

1987年12月1日，土地使用权拍卖的"中国第一槌"在深圳敲响，正式揭开我国土地制度重大改革的序幕。25年后，《关于深圳市土地管理制度改革总体方案》获得批复，深圳成为国家土地管理制度改革的综合试点，再次担负"新土改"的历史使命。"新土改"需要在土地分类确权、完善土地市场、土地二次开发、科学调控等方面实现突破，使土地管理模式更加科学有效，更加符合市场经济发展规律。中远期实施方案还提出：借鉴新加坡、中国香港等国家和地区的土地管理经验，在前海等深港合作重点地区积极探索具有中国特色并与国际惯例和通行规则相衔接的土地管理制度。

2. 深圳发展面临严峻的土地空间资源制约

四十年的高速城市化,深圳面临土地空间不足的困境。深圳可用的新增建设用地指标已不足50平方公里,土地不足已成为摆在深圳面前的现实问题。与此同时,深圳也存在存量土地的粗放、低效利用问题。深圳当前"迫切地需要通过释放制度红利,来推动经济社会新一轮的发展"。此外,深圳商品房均价稳定在5万/平方米以上,已严重超出了人才的购买力,给深圳人才的稳定和新人才的引进带来了困难,很多企业因高房价而外迁。前海面积只有15平方公里,更需要高效利用土地,集约发展。

(二)前海土地改革创新概况

根据《国务院关于前海深港现代服务业合作区总体发展规划的批复》、国土资源部和广东省人民政府《关于深圳市土地管理制度改革总体方案的批复》以及《深圳经济特区前海深港现代服务业合作区条例》的精神,借鉴新加坡、中国香港等国家和地区的先进经验,结合前海实际,前海"新土改"着力探索土地供应新模式、土地资源资产资本一体化运作模式、土地节约集约利用模式、新土地市场调控和监管机制以及土地管理体制机制。

1. 探索建立差别化的土地供应新模式

适应前海深港合作区战略定位和现代服务业发展要求,深化土地供应和土地有偿使用制度改革。综合运用弹性年期、集约奖励、需求管制等调节工具,丰富供应方式、增强供给弹性,满足产业发展差异化、多样化的用地需求,形成差别化、多层次的土地供应市场和规范化的操作模式。

2. 创新土地资源资产资本一体化运作模式

充分发挥体制和政策优势,把土地管理改革创新和金融创新更加有效地结合起来,以土地资本化为重点,着力提高市场化运作水平,实现从单纯的土地资源管理向土地资源、资产、资本三位一体化综合管理转变。

3. 高水平推进土地节约集约利用

以贯彻落实党的十八大提出的大力推进生态文明建设、优化国土空间开发格局、全面促进资源节约的要求为新动力,探索建立规划引领、计划调节、市场配置、政策激励的土地节约集约利用新机制,以较少的土地资源支撑更大规模、更高水平的产业发展,树立土地节约集约新标杆。

4. 新土地市场调控和监管机制

根据前海深港合作区差别化土地供应新模式的需要,创新调控方式和手段,加强市场预警,提高调控的能力和水平。大力推进行政审批制度改革,向更加注重服务和监管转变。

5. 完善土地管理体制机制

要加大土地、财税、产业、人才、住房政策协同力度,为现代服务业发展创造一流的基础支撑和社会环境。坚持公开公平公正,鼓励竞争,择优扶强,大力提高土地资源配置的市场化、法治化、国际化水平。

(三)前海土地改革创新亮点集成

前海作为深圳土地改革综合试点,推出了一系列土地改革的创新举措,主要有以下十一大创新亮点:

1. 20%土地出让金用以奖励"绿色"项目

为鼓励节约集约用地,前海将把土地使用权出让收入(扣除政策性刚性支出）的15%—20%划入前海深港合作区产业发展基金。以"绿色""低碳"为特色的建设项目可申请该项基金，前海将综合考虑经济贡献、节约环保等因素予以奖励。

2. 土地出让采取弹性年期

一般而言，国内法定的一次性出让土地使用权的年限是40年（最高年限）。在前海，土地使用权可分期出让、分段计收地价。其中，自用部分首次出让年期一般为20年，到期后经评估按10年续期。具有重大影响和特殊意义的产业项目用地，可按法定最高年限出让。出售部分，按最高年限出让。土地使用期限届满申请续期的，经评审符合前海产业政策的可以续期，最长可续期为法定最高年限。

3. 实行公告、"带设计方案""带管理方案"等组合出让形式

前海区内，不同产业将采取不同的供地方式。除试行建设项目用地预申请外，产业带动性强、项目辐射面广、事关前海发展全局的特别重大高端项目用地，试行公告出让，并防止恶性竞争导致高地价、高楼价、高租金。为提高土地利用效益，实行有条件的"带设计方案"出让。创新产业用地用房管理，实行"带管理方案"出让。

4. 分片区标价抑制地价

为稳定市场预期，避免不实炒作误导大众，前海综合考虑片区的宗地属性、土地用途、市场情况等各项因素，采取分片区标定地价，并保持每年更新。

5. 单元开发和街区开发模式

前海初步划定22个单元，102个街区，按照单元开发和街区开发的模式，单元内的楼宇将全部打通，每个开发单元可实现在200米以内解决基本的工作、生活、购物和社区服务。目前比较成熟的单元开发模式有深圳的万象城、香港的西九龙等。对于资本实力雄厚、开发经验丰富、综合招商能力强、运营成效明显的企业，前海还

鼓励和支持企业一起参与土地开发、招商引资和运营管理。不少新区常见的开发进度慢、不成规模、规划不统一将不会在前海出现。

6. 以产业发展为核心出让土地

前海产业用地里,自用部分的建筑面积一般不得低于总建筑面积的50%。不过,以企业招商引资和运营管理为主的项目,自用比例可以适当降低。建成后,物业自用部分原则上10年内不得转让,出售部分原则上5年内不得再转让。这两部分物业在持有年限内经前海管理局批准可以转让的,转让方应将一定比例的增值收益上缴前海管理局。另外需要注意的是,办公类物业的租售对象为符合产业导向和入区规定且注册地在区内的法人;公寓类物业的租售对象为在区内工作的个人或上述法人。

7. 合同约束圈地炒地行为

对不按合同履行开发责任和义务,存在圈地、炒地、闲置等行为的,前海管理局将严厉打击,通过协商、仲裁、审裁或司法裁决等途径收回用地。此外,前海将把土地使用权出让合同验收制度作为房地产权登记前置条件。

8. 科学利用地下土地空间

前海15平方公里的地上地下将全部打通,地下空间开发达780万平方米。从南区到北区,地下开发五层,负三到负五层是轨道交通,负一和负二层是快车车道。通过地下交通,可以从妈湾港到达宝安。此外,地下空间的建筑设计通透开阔,在某些区域,负四层还可看到天空。前海将借鉴香港国际金融中心(IFC)的模式。未来,在一栋大楼里,人们不用出门便可直接办理登机手续、搭乘地铁,解决所有交通问题。

9. "1.5级开发"土地开发模式

前海的"梯级土地开发模式"将土地开发分为0级、0.5级、1级、

1.5级、2级等共5个等级，重点探索推行了1.5级土地开发建设模式，通过租赁或短期土地供应，进行过渡建筑建设，在短期内形成产业聚集，吸引人气，也为将来的二级开发创下基础。

10. 引入"三维地籍"理念的立体化土地管理

前海深港合作区规划构建的立体化空间利用体系，土地空间用途多样、立体空间复合。三维地籍从理念到技术的引入，不仅为前海复杂空间的协同规划、设计、建设与运营管理等一揽子工程提供了技术支撑，同时也促进了前海管理局的管理者对相关法规政策、管理机制等进行创新性再思考。

11. 探索土地交易新方式、新渠道

在出让用地中通过配建等方式，前海筹措一定规模的创新型产业用房和人才公寓，用于支持法律、会计、税务、咨询等中小型专业服务机构以及科技服务、文化创意等服务业发展。通过香港媒体发布前海合作区土地招拍挂出让计划和公告，推广网上交易，提高土地市场透明度。

前海的土地改革创新取得初步成效。截至2016年，前海总共出让28宗土地，占地面积69.08万平方米，总建筑面积495.20万平方米。地价款868.50亿元，平均楼面单价1.75万元/平方米。其中，面向港企出让14宗，用地面积33.5公顷，占比48.4%；建筑面积248.2万平方米，占比50.1%。通过多元化的土地供应模式，共吸引卓越、恒昌、华润、世茂、香江、顺丰、金立、中英人寿、中粮资本、周大福、新世界、深圳华强、创维、东亚银行和嘉里控股、信义集团、中国国有资本、腾讯、弘毅、民生电商等众多优质企业进驻。

第九章 前海改革创新评述

一、前海改革创新与国家战略

(一)自贸区战略视角下的前海改革创新

前海蛇口自贸片区作为广东自贸区的一部分,是继上海自贸区之后国家批准的第二批自贸区。叠加自贸区政策后,前海蛇口片区将进一步扩大自贸试验区对港澳服务业的开放,不断提升深港之间服务贸易自由化程度,构建结构科学合理、国际化程度高、辐射能力强的现代服务业体系,并围绕推动人民币国际化、利率及汇率市场化改革等方面先行先试,支持香港离岸人民币中心建设。

前海蛇口自贸片区秉承蛇口改革基因和深圳改革精神,不仅在推动与港澳的合作上成效显著,而且成为全国自贸区制度创新的领跑者。前海改革创新为自贸区制度创新做出了卓越贡献,前海模式和经验不断复制到其他自贸区,并逐步在全国推广。

(二)粤港澳大湾区视角下的前海改革创新

推进与港澳的合作成为粤港澳大湾区规划和建设的核心任务,习近平总书记在参加十三届全国人大一次会议广东代表团审议时发表重要讲话,指出要抓住建设粤港澳大湾区重大机遇,携手港澳加快推进相关工作,打造国际一流湾区和世界级城市群。前海因深港合作而生,"依托香港、服务内地、面向世界"是习近平总书记考察前海时的殷切嘱托。因此可以说,加强与港澳的合作,促进香港和澳门的繁荣稳定,既是前海的历史使命,亦是粤港澳大湾区国家战略的核心任务。

前海深港现代服务业合作区自成立以来积极探索内地与香港服务业合作的新模式,在金融创新、法治环境、企业审批、口岸通关、检验检疫、人才发展等领域加强改革创新,出台了一系列惠港措施,为港人港企在前海的发展奠定了深厚的政策基础,促使深港两地合作迈向更深层次、更广领域、更高水平,在全面推进香港与粤港澳大湾区合作中发挥了先导作用。

(三)"一带一路"倡议视角下的前海改革创新

2015年3月28日,国家发改委、外交部、商务部联合发布的《推动共建丝绸之路经济带和21世纪海上丝绸之路的愿景与行动》提出:"充分发挥深圳前海、广州南沙、珠海横琴、福建平潭等开放合作区作用。"前海成为"一带一路"倡议的重要战略支点。截至2017年9月底,共有来自"一带一路"沿线国家中28个国家在前海片区投资设立255家企业,注册资本合计147.52亿元;前海企业累计向"一带一路"国家设立企业(机构)38家,中方协议投资额12.21亿美元。

前海在人民币国际化、投资和贸易便利化、营商环境、法治建设等方面的改革探索,为前海打造"一带一路"倡议的重要战略支点提供了制度支撑。前海改革创新不仅为吸引"一带一路"沿线国家投资提供了优良的"软环境",也为前海企业在"一带一路"沿线国家的投资和贸易往来提供了后方支持。

二、前海改革创新的横向比较

(一)制度创新成果比较

前海自贸区坚持以制度创新为核心,形成了以投资便利化、贸易便利化、金融开放创新、事中事后监管、法治创新、人才管理改革、体制机制创新等七大板块为核心的"前海模式"。截至2018年7月,累计推出制度创新成果已达364项,在全国复制推广25项,在全省复制推广62项,全市复制推广79项,充分彰显了前海"制度创新策源地"和"内地与香港合作先导区"的重要地位。

2018年初,广东省自贸办印发新一批75个制度创新案例中,有33个源自前海。2018年4月,广东省自贸办评选出的30个"中国(广东)自由贸易试验区三周年制度创新最佳案例"中,前海蛇口自贸片区有18项案例入选,占总数60%,位列三个片区首位。广东省自2015年至2018年推出的四批复制推广改革试点经验中,62项来自前海蛇口片区,推广数量超过全部成果的60%。2018年5月,商务部发布了自由贸易试验区第四批改革试点经验,在全国复制推广的27项中,有7项为前海蛇口自贸片区率先开展或首批纳入国家试点。

(二)前海三大指数比较

中山大学发布的"前海蛇口自贸片区贸易便利化指数"显示,从2015年到2017年,前海蛇口自贸片区贸易便利化指数呈逐年增长趋势,由0.8044提升为0.8680(增幅达到7.91%)。5个一级指标均表现出不同程度的增幅,口岸管理为6.04%,通关环境为13.46%,贸易功能转型为13.83%,辐射带动效能为8.07%。具体指标体系分解情况显示，一是贸易功能转型指数值呈现出较大增幅，二是通关环境指数持续大幅改善，三是辐射带动效能逐渐提升，四是口岸管理制度创新扎实推进。

中国社会科学院法学研究所发布的"前海法治指数评估报告（2017）"从规则制定、法治政府、司法建设、法治社会、保障监督五个板块对深圳前海法治示范区法治建设情况进行了首次系统评估。评估结果显示，前海作为中国首个国家级法治示范区，在多个领域开展了卓有成效的尝试和努力，在规则体系、司法保障、法律服务方面在国内众多自贸区中处于领先地位。

"前海税务营商环境指数"是前海管理局、前海税务机关与普华永道合作，率先出台对标世界银行等国际标准、具有前海特色的营商环境指数。该指数通过办税便利化、办税信息化、办税规范化、办税效率程度、纳税遵从程度、政策落地程度、纳税人权益保障程度、廉政自律程度和创新改革成效等九个一级指标，以及25个二级指标和60个三级指标，全面、客观、真实地反映前海蛇口自贸片区的税务营商环境情况。评估结果显示，前海在打造便民办税新格局、深化营商环境改革等方面均取得了积极成效。

（三）中国自由贸易试验区制度创新指数比较

国际上自由贸易区分为广义和狭义自由贸易区。广义自由贸易区（Free Trade Area，简称FTA）源于世界贸易组织（WTO）有关"自由贸易区"的规定。狭义自由贸易区，亦称为自由贸易园区（Free Trade Zone，简称FTZ），来源于世界海关组织的前身——海关合作理事会所解释的"自由区"，即缔约方境内的一部分，进入这一部分的任何货物，就进口税费而言，通常视为在关境之外，并免于实施通常的海关监管措施。我国已经开放11个自由贸易试验区，都是从自己领土中开辟出来，面向全球开放，而不是只针对签署自贸协定的国家，因此，这些自贸试验区均属于自贸园区（FTZ），以下简称为自贸区。这11个自贸区分别是上海自贸区、广东自贸区、天津自贸区、福建自贸区、辽宁自贸区、浙江自贸区、河南自贸区、湖北自贸区、重庆自贸区、四川自贸区和陕西自贸区。

2017—2018年度中国自由贸易试验区制度创新指数[①]排名显示，前海片区依托深圳这一中国极具创新能力的城市，加上与香港的密切合作，大胆创新、锐意改革，在23个中国自贸片区中，政府职能转变和法治环境排名稳居第一，制度创新指数总体排名超越上海自贸区，居第一位。

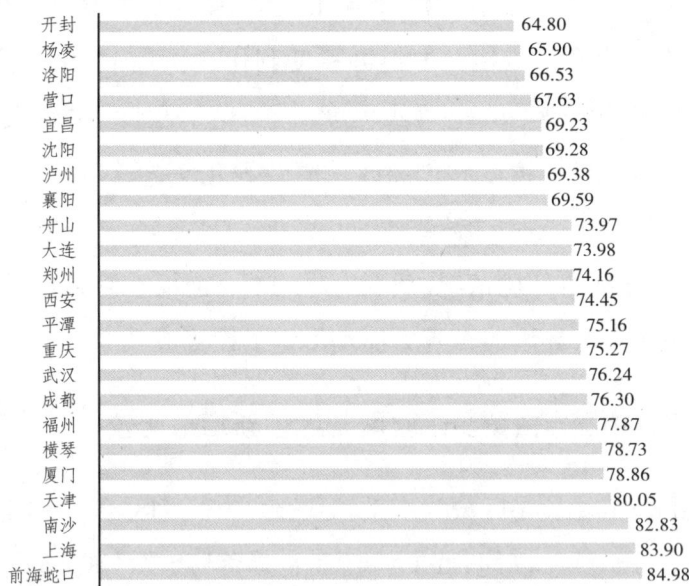

开封	64.80
杨凌	65.90
洛阳	66.53
营口	67.63
宜昌	69.23
沈阳	69.28
泸州	69.38
襄阳	69.59
舟山	73.97
大连	73.98
郑州	74.16
西安	74.45
平潭	75.16
重庆	75.27
武汉	76.24
成都	76.30
福州	77.87
横琴	78.73
厦门	78.86
天津	80.05
南沙	82.83
上海	83.90
前海蛇口	84.98

图3　2017—2018年度中国自由贸易试验区制度创新指数得分

① 指数来源于中山大学自贸区综合研究院发布的《中国自由贸易试验区发展蓝皮书（2017—2018）》，原始数据来源即包括对23个自贸片区19万条主流媒体数据信息进行采集分析，又包括对11个自贸区实地考察调研所获取的第一手资料，并从5个一级指标、19个二级指标和57个三级指标开展系统性、深层次和多视角的考察。

三、前海改革创新的未来展望

（一）强化制度创新与国家战略的联动，引领粤港澳大湾区的改革与发展

前海不仅肩负着深港合作、粤港合作的国家使命，而且是"一带一路"倡议、自贸区、粤港澳大湾区三大国家战略的叠加。前海未来的改革创新须强化与国家战略的联动效应，以改革创新打造"一带一路"倡议的战略支点，积极对接"一带一路"倡议，通过与"一带一路"沿线国家的合作实现跨越式发展；以改革创新引领全国自贸区发展，打造全国自贸区发展的新标杆，为国家自贸区战略贡献"前海方案"和"前海模式"；以改革创新引领粤港澳大湾区发展，抢抓粤港澳大湾区建设的机遇，推动前海改革发展再上新台阶。

（二）积极应对国际贸易环境变化，构建更加开放的自由贸易港区新体制

2008年国际金融危机后，全球化进入深度调整期，各国政府越来越多地寻求保护本土产业。"逆全球化"甚至是"去全球化"风潮不断涌起。全球范围内的贸易摩擦、冲突、碰撞前所未有地增加，国际贸易环境不断恶化。可以预见，对外开放依存度很高的深圳，尤其是前海，在未来的国际经贸合作中将面临前所未有的挑战。

前海作为以深港合作为特征的国家级对外开放平台，担负着构建开放型经济新体制的使命，在贸易保护主义不断扩散的背景下，应深度学习和借鉴香港的自由贸易港体制机制，加快构建更加开

放、更加包容的自由贸易港区新体制，形成具有全国引领力和全球吸引力的新型对外开放国家战略平台。

（三）加强制度创新与相关配套改革的协同，推动制度创新成果落地生根

从全国范围来看，各个自贸区的总体方案列举了大量的改革任务，地方政府制度创新的积极性很高，但受制于授权不足，"下级埋怨上级不授权，上级担心下级接不住"的情况不少。此外，由于现在的行政法规较多，自贸区很多政策与现行法律矛盾，不能尽快落地，推进缓慢。因此前海应发挥深圳拥有立法权的优势，通过立法与制度创新的协同，加快制度创新成果落地生根。

根据中山大学自贸区综合研究院的调研，自贸区制度创新普遍存在"大门开、小门不开"的问题，"文件"上放开的行业（主要是服务业），由于行业相关配套跟不上等原因而导致实际无法落地，制度创新的成果很多，但实际上最终能使企业和居民受益的很少。任何一项创新性政策的落地，都并非如宣读一纸文件那么容易。每一次创新都需要配套性的支持政策、风控措施以及企业内部系统对接、业务培训等多个流程的配合和调试。因此，应加快推进制度创新的配套改革，使制度创新成果真正服务于企业和居民。

（四）加快完善制度创新容错体制机制，激发改革主体的积极性和主动性

改革创新意味着可能的风险和失败，鼓励创新就要宽容失败。经过四十年的改革开放，改革已经进入"深水区"，剩下的都是"硬骨头"，深层次的改革风险较高。自贸区建设改革推进过程中的阻力，主要来自如何妥善应对改革可能带来的风险集聚。在改革创新与控制风险的平衡上，包括前海在内的全国各自贸区在制度创新方面仍较为谨慎。因此，针对自贸试验区改革中因缺乏经验、先行先试出现的失误和风险，前海应率先探索建立容错机制。通过容错机制调动各领域的改革积极性和主动性。

附 录

附录一：国务院支持前海的"22条"特殊政策

2012年，国务院发布《国务院关于支持深圳前海深港现代服务业合作区开发开放有关政策的批复》赋予前海"22条"特殊政策，包括：

◆允许前海探索拓宽境外人民币资金回流渠道，配合支持香港人民币离岸业务发展，构建跨境人民币业务创新试验区。

◆支持设立在前海的银行机构发放境外项目人民币贷款；在《内地与香港关于建立更紧密经贸关系的安排》（CEPA）框架下，积极研究香港银行机构对设立在前海的企业或项目发放人民币贷款。

◆支持在前海注册、符合条件的企业和金融机构在国务院批准的额度范围内在香港发行人民币债券，用于支持前海开发建设。

◆支持设立前海股权投资母基金。

◆支持包括香港在内的外资股权投资基金在前海创新发展，积极探索外资股权投资企业在资本金结汇、投资、基金管理等方面的新模式。

◆进一步推进前海金融市场扩大对香港开放。支持在CEPA框架下适当降低香港金融企业在前海设立机构和开展金融业务的准入条件。

◆根据国家总体部署和规范发展要求,支持前海试点设立各类有利于增强市场功能的创新型金融机构,探索推动新型要素交易平台建设,支持前海开展以服务实体经济为重点的金融体制机制改革和业务模式创新。

◆支持香港金融机构和其他境内外金融机构在前海设立国际性或全国性管理总部、业务运营总部,加快提高金融国际化水平,促进前海金融业和总部经济集聚发展。

◆在制定产业准入目录及优惠目录的基础上,对前海符合条件的企业减按15%的税率征收企业所得税。产业准入目录及优惠目录分别由国家发改委、财政部会同有关部门制定。

◆对在前海工作、符合前海规划产业发展需要的境外高端人才和紧缺人才,取得的暂由深圳市人民政府按内地与境外个人所得税负差额给予的补贴,免征个人所得税。

◆注册在前海的符合规定条件的现代物流企业享受现行试点物流企业按差额征收营业税的政策。

◆探索香港仲裁机构在前海设立分支机构。

◆进一步密切内地与香港律师业的合作,探索完善两地律师事务所联营方式,在CEPA及其补充协议框架下,深化落实对香港的各项开放措施。

◆创新管理机制,研究制定相关政策措施,为外国籍人才、港澳台人才、海外华侨和留学归国人才在前海的就业、生活以及出入境等提供便利。

◆将前海纳入经国家批准的广东省专业资格互认先行先试试点范围。

◆允许取得香港执业资格的专业人士直接为前海企业和居民提供专业服务,服务范围限定在前海内,具体政策措施及管理办法由行业主管部门商有关方面制定。

◆允许取得中国注册会计师资格的香港专业人士担任内地会计师事务所合伙人，在前海先行先试，具体试行办法由深圳市制定，报财政部批准后实施。

◆允许香港服务提供者经批准在前海设立独资国际学校，其招生范围可扩大至在前海工作的取得国外长期居留权的海外华侨和归国留学人才的子女。

◆允许香港服务提供者在前海设立独资医院。

◆支持港澳电信运营商与内地电信运营商根据CEPA在前海建立合资企业，经营电信业务。

◆鼓励创新电信运营管理模式，支持当地电信企业根据前海实际探索制定优惠电信资费方案。

◆支持建设前海国际通信专用通道，满足前海企业的国际通信业务需求。

附录二："一行三会"支持前海金融创新的 "32条"先行先试政策

2014年，"一行三会"先后批复前海32条金融创新政策（人行及外汇局4条、银监会9条、证监会11条、保监会8条）。具体包括：

◆支持境外机构境内发行人民币债券并将募集资金调到境外使用，允许在前海注册企业的境外母公司或控股子公司在境内发行人民币债券，募集资金既可直接以人民币形式调出境外使用，也可在境内购汇后用于境外。

◆原则支持境外机构参与深圳碳排放权交易试点。

◆支持深圳开展合格境内投资者境外投资试点（QDLP），前期给予10亿美元的购汇额度。

◆积极支持前海主动承接和参与更多金融改革创新任务，将适时开展对前海金融改革创新试点的政策评估和经验总结等工作，进一步加强与前海的合作交流，积极开展跨境人民币业务创新等方面的研究。

◆支持符合条件的银行和企业在前海发起设立金融租赁公司，由深圳银监局进行可行性研究，条件成熟后抓紧审批。

◆支持符合条件的金融租赁公司在前海设立专业子公司。

◆支持在CEPA框架下由合格的港澳金融机构在深圳试点设立

消费金融公司。

◆在尊重机构自身和属地银监局意愿前提下，同意异地信托公司将注册地迁至深圳前海。

◆支持具有离岸业务资格的中资商业银行，在符合自身商业意愿和法律法规的前提下，在前海开展离岸业务，由深圳银监局按照行政许可管理规定办理。

◆在符合自身商业意愿和法律法规的前提下，支持商业银行在前海设立分支机构。在华外资法人银行和外国银行分行下设分支机构的业务范围由总行或外国银行分行内部授权经营。

◆支持前海在金融业改革创新方面开展先行先试，积极与深圳市加强交流与协调，探索建立合作机制。

◆支持深圳市辖区内拟设的民营银行依托股东优势，运用互联网技术，探索商业可持续、经营有特色、风险可控的银行业务模式。

◆支持前海在资本市场领域开放创新发展，对上海自贸区实施金融扶持的政策，依相应的程序可以在前海试验和落地。

◆支持前海经济金融发展，将根据前海监管工作的业务量，研究考虑增设监管派驻机构。

◆支持在前海设立私募产品跨境投融资平台。建议该平台由经国务院批准的证券期货交易所主导发起，深圳市政府可以一定形式参与；经批准后可开展跨境投融资业务。

◆支持中国证券登记结算公司和深圳证券交易所协调合作，在前海设立服务于内地、香港基金互认的统一平台，提供基金跨境销售和托管结算服务。

◆支持前海企业的境外母公司或控股子公司在境内市场发行人民币债券，对募集资金境内或境外使用不作限制。

◆支持证券期货经营机构积极参与和拓展面向内地和香港两地的证券期货业务,进一步扩大对外开放。

◆按照"牌照管理、业务交叉、规则统一、功能监管"原则,支持符合条件的各类资本在前海设立证券期货经营机构,开展金融业务创新。

◆支持中国证券金融股份有限公司、中国证券登记结算有限公司依法合规在前海设立子公司。

◆根据CEPA有关承诺,积极推动港资机构在前海按规定设立全牌照合资证券公司和合资基金管理公司。

◆支持证券期货经营机构在前海依法自主开展业务创新,按照简政放权的思路,简化审批流程,未来将积极探索负面清单管理模式。

◆支持前海证券期货经营机构参与外汇等其他金融产品业务,支持在前海设立专业证券公司开展私募市场产品代销、经纪等业务。

◆支持中央金融监管部门与地方政府在前海探索建立更为紧密的监管合作机制,为监管体制机制创新探索经验。

◆深化落实中国保监会和深圳市人民政府签署的合作备忘录精神,进一步拓宽双方合作领域,将支持前海开发开放和深化深港合作作为深圳保险创新发展试验区建设的重要内容。

◆丰富和完善深圳保险市场体系,支持在前海设立自保公司、相互制保险公司等新型保险组织以及航运保险、责任保险、健康保险、养老保险等专业保险机构。推动前海建设再保险中心,支持设立各类再保险机构及为保险业发展提供配套服务的专业机构。

◆支持深港保险融合发展,积极探索深港两地保险市场在产品、服务、资金、人才等领域互联互通的方式和途径。

◆研究在《内地与香港关于设立更紧密经贸关系的安排》（CEPA）框架下适当降低香港保险公司在前海设立机构和开展业务的准入要求，积极支持符合条件的香港保险经纪公司在前海设立保险代理公司；支持更多保险机构利用香港市场拓宽资本补充渠道，在境外设立机构并开展人民币保险业务。

◆支持在前海开展互联网保险业务创新，鼓励开展与互联网金融特点相适应的保险产品、营销、服务以及交易方式创新，培育互联网保险新业态和新型要素交易平台。

◆支持在前海探索保险监管创新，中国保监会与深圳市人民政府建立更为紧密的监管联动和保险改革创新研究长效合作机制。

◆支持深圳保险机构开展保险资金运用创新，探索保险资金境外投资试点，进一步拓宽保险资金运用渠道和范围。

◆支持符合条件的深圳保险机构试点开展短期出口信用险业务，为实体经济发展和进出口贸易提供融资便利和风险保障。

附录三：前海改革创新大事记

2005

2002年正式立项、2005年最终完成的《深圳2030城市发展策略》提出，前海地区将是深圳最具战略意义的空间资源，应加强与香港合作，发展现代服务业，把前海湾建设成为泛珠三角的现代服务业中心之一。

2007

11月21日，深圳市规划局公布了《深圳市城市总体规划（2007—2020）》草案，提出了"福田中心"和"前海中心"双城市中心的概念，前海被定位为深圳城市双中心之一。

2008

9月，深圳市规划部门启动《前海计划》研究，并建议以前海合作区域为载体，推进深港在现代服务业领域的全面合作。

10月18日，国务院批复同意设立深圳前海湾保税港区。该保税港区位于南山区蛇口半岛西侧前海湾，规划总面积3.71平方公里。

12月17日，国务院总理温家宝主持召开国务院常务会议，审议并原则通过《珠江三角洲地区改革发展规划纲要（2008—2020）》。该《纲要》明确提出，在"一国两制"和粤港澳合作框架下，全面推进深港紧密合作，将前海地区规划建设为深港现代服务业合作的重要空间载体。

2009

7月10日，前海湾保税港区通过验收，海关总署与广东省政府签署验收纪要，海关总署领导向深圳前海湾保税港区领导小组办公室负责人颁发了《深圳前海湾保税港区验收合格证书》。前海湾保税港区正式揭牌。

2010

1月，前海中心版图扩容，悬赏500万元全球征集规划方案。6月，前海水城方案荣获规划方案第一名。

3月15日，前海管理局正式开始筹建工作。

8月20日，国务院总理温家宝到前海视察时指出，一定要把这个现代服务业合作区做好，在服务业发展上闯出一条路来，使深圳的产业结构得到提升，这对深圳，对珠江三角洲、粤港澳都将发挥重要作用，要在全国服务业发展上起示范作用。

8月26日，深圳经济特区成立30年当天，国务院批复同意《前海深港现代服务业合作区总体发展规划》，根据规划，前海将建设成为粤港现代服务业创新合作示范区。

10月,国家发改委下发《关于印发〈前海深港现代服务业合作区总体发展规划〉的通知》,明确要求,广东省要协调推进前海深港现代服务业合作区建设,要落实好"前海管理机构享有相当于计划单列市的管理权限的政策",创造条件下放审批权限,简化审批程序,出台配套扶持政策,推动建立促进前海现代服务业集聚发展的体制机制。

2011

1月10日,前海管理局举行揭牌仪式。汇聚"四海之水"的前海深港现代服务业合作区管理局、前海湾保税港区管理局两块牌子随即亮相。

6月27日,深圳市第五届人民代表大会常务委员会第九次会议审议通过了《深圳经济特区前海深港现代服务业合作区条例》,7月6日正式公布实施。

7月1日,国务院正式批复同意建立由国家发改委牵头、27个部门和单位共84人组成的深圳前海建设部际联席会议制度,构建起国务院领导下统筹前海开发开放的国家平台和部委运作机制。

9月5日,深圳市人民政府正式颁布《深圳市前海深港现代服务业合作区管理局暂行办法》和《深圳前海湾保税港区管理暂行办法》。

9月9日,深圳市前海商务秘书有限公司正式成立,前海一站式商务秘书服务平台建设正式启动。

9月27日,前海建设部际联席会议第一次全体大会在北京钓鱼台国宾馆召开,联席会议27个成员单位的相关负责人参加了会议,国务院法制办、国家统计局列席了会议。

2012

4月13日，前海管理局举行入区项目评审专家委员会委员授聘仪式，51名专家委员获聘。

4月19日，前海合作区系列项目启动暨地铁11号线开工仪式举行，标志着前海开发进入新的阶段。

4月26日，《前海深港现代服务业合作区综合规划》获深圳市委常委会议审议通过，前海将以"产城融合"的城市发展模式，致力打造"活力水城"，成为深圳建设滨海城市的新标志。

5月7日，作为三大国家战略平台的广州南沙新区、深圳前海合作区、珠海横琴新区在南沙签署了三地友好合作协议。根据协议，三地建立了联席会议制度。

5月19日，中共中央政治局常委李长春视察前海，对前海遵循"科学开发、从容建设"理念表示赞同，并明确要求前海开发建设要做到"宁缺毋滥，宁好毋急，宁好毋快"。

6月16日，粤港（前海）国际仲裁合作启动暨深圳国际仲裁院揭牌仪式在深举行，标志前海开始仲裁机构改革的先行先试，象征粤港法律合作迈向更高层次。

6月27日，贯穿前海合作区"一纵一横"的航海路、东滨路试验段项目正式开工，前海管理局与市规划国土委正式签署了前海合作区规划和土地管理职能交接备忘录。

6月29日，香港回归祖国15周年之际，国务院批复前海深港现代服务业合作区开发开放有关政策，中央代表团在香港举行新闻发布会介绍情况。国务院支持深圳前海实行比经济特区更加特殊的先行先试政策，政策涉及金融、财税、法制、人才、教育医疗以及电信等6个方面22条具体措施。

8月2日,前海开发投资控股有限公司与国家开发银行深圳市分行签署贷款合同,这是前海开发获得的首笔银行贷款。

8月6日,深圳前海深港现代服务业合作区咨询委员会成立暨第一次会议在深圳召开,全国人大常委会副委员长、咨询委员会主任委员华建敏出席会议并讲话。

12月7日,中共中央总书记、中央军委主席习近平视察前海,指出中央决定批复发展建设前海,是为了进一步促进粤港和深港更深层次的合作发展。前海发展要依托香港、服务内地、面向世界,作为改革的试验田,为全国探索经验。

2013

2月21日,深圳前海深港现代服务业合作区建设部际联席会议第二次会议在京召开。包括"一行三会"、国家发改委、科技部、工信部、财政部、商务部、广东省政府、香港特区政府等27家成员单位的联席会议成员和办公室成员参加了会议,明确表示将继续加大对前海开发开放的支持力度。

5月8日,深圳市前海深港现代服务业合作区廉政监督局正式挂牌成立。

6月27日,《前海深港现代服务业合作区综合规划》正式公布,计划2020年实现地区生产总值1500亿元,2015年全面建成基础设施。

8月16日,《前海深港现代服务业合作区境外高端人才和紧缺人才认定暂行办法实施细则(试行)》正式实施。据规定,在前海工作、符合前海优惠类产业方向的境外高端人才和紧缺人才,其在前海缴纳的工资薪金所得个人所得税已纳税额超过工资薪金应纳税所得额的15%部分,由深圳市政府给予财政补贴。

11月29日，华商律师事务所正式落地前海，这是全国第一家正式落地前海的专业法律服务机构。

2014

1月22日，深圳市印发《关于推进前海湾保税港区开展融资租赁业务的试点意见》，从市场准入、海关政策、跨境融资等三个方面对前海发展融资租赁业进行扶持，先行先试探索飞机租赁企业提取风险准备金等多方面政策措施，建设飞机租赁总部基地。

1月24日，深圳市前海金融控股有限公司在前海合作区举行揭牌仪式。前海金控是充分贯彻前海作为国家金融改革先行先试意图的战略引导型综合性金融投资平台。

2月18日，前海管理局与以色列Bnayahu战略咨询公司以及中以联合控股有限公司签订了三方合作意向书。三方拟共同探索在深圳前海建立"中以金融服务中心"项目，搭建产业金融服务、国际专利技术交易、国际优质农产品交易、跨境人民币结算等平台。

2月26日，前海法庭首次引入港籍调解员。2月28日，前海深港青年梦工场进行合作签约。

4月10日，万科前海企业公馆举行首批进驻企业签约发布会。签约企业覆盖了金融创新、现代物流、信息科技、文化产业、专业服务等多个产业领域，包括汇丰银行、恒生银行、工商银行、中信银行等，初步形成了前海首个产业生态圈。

5月5日，前海开通"港企直通车"，在前海e站通大厅内设立专门窗口，为拟注册港资企业服务。

5月21日，全国首个境外法律查明平台在前海成立。

5月28日，前海法律专业咨询委员会成立。

6月9日，前海金融创新委员会成立。

6月10日，中国第一家在美国上市的电商——兰亭集势收到深圳国税转来约29000元出口退税款，这是全国首单全程在海关9610监管代码下操作的跨境电商出口退税，标志着国内跨境贸易电子商务零售出口业务的"阳光通道"已在深圳前海湾保税港区正式打通。

6月23日，前海规划建设专业咨询委员会成立。

6月25日，前海管理局正式发布了《深圳市前海深港现代服务业合作区外商投资企业管理办法》及首份外资企业准入负面清单。

7月4日，深圳检验检疫局率先在前海实行出口换证货物通关新模式，变此前的人工操作通关放行为借助电子化系统智能通关放行，在全国尚属首例。新模式下，未抽中货物通关时间可由半天缩短至10秒，在深圳口岸全面推行后预计每年可为企业缩短通关时间17万小时。

7月9日，前海展示厅正式对外开放。

7月23日，前海创新研究院成立。

7月25日，前海微众银行获得批准，并于12月12日由深圳银监局批复开业。深圳前海微众银行是一家定位于服务个人消费者和小微企业客户的民营银行。

8月，全国首个利用跨境贷的保税区SPV飞机租赁项目正式在前海签约，前海与天津滨海、上海浦东成为我国飞机租赁三大总部基地。

9月1日，广东省司法厅出台的《香港特别行政区和澳门特别行政区律师事务所与内地律师事务所在广东省实行合伙联营试行办法》生效实施。允许香港、澳门律师事务所与内地律师事务所在深圳前海等地，分别出资和派出律师，以合伙联营形式共同设立律师事务所。

9月3日，国家监管机构最新批复给深圳20条金融创新政策，其中仅针对前海出台的就有17条。17条政策中，国家外汇管理局1条，银监会10条，保监会6条。

9月9日，深圳跨境贸易电子商务进口试点前海启动，标志着前海在跨境电商领域进出口双向通道的全流程开通。

9月24日，前海启动招商合伙人制度，共引入包括普华永道、德勤、毕马威、安永（全球四大会计师事务所）及前海立方咨询有限公司在内的8家企业机构作为合作伙伴。

10月8日，深圳市金融办对外公布了中国证监会、保监会近期印发的支持深圳（前海）资本市场和保险业领域改革创新发展的若干措施，其中备受市场关注的"深港通""上海自贸区金融扶持政策在前海落地"等正式被纳入支持范围，前海金融创新迎来新的发展契机。

10月16日，以"中小企业金融服务商"为市场定位的华夏银行前海分行正式开业，共同构成前海金融区金融产业蓝图。

11月24日，前海正式开展跨境双向人民币资金池业务和经常项下跨境人民币集中收付业务试点。截至2017年末，前海共有14家跨国企业集团办理跨境双向人民币资金池业务备案，涉及成员企业346家。

12月4日，深圳前海管理局发布了《前海深港现代服务业合作区促进深港合作工作方案》，深化深港两地政府、社会、市场的各项合作机制，增强深港经济关联度，联手拓展发展空间，共建亚太地区重要的生产性服务业中心。

12月7日，前海范围内19个重点工程开工，包括前海法治大厦、前海创新商务中心等，前海梦想小镇万科企业公馆、深港青年梦工场开园。

12月31日,国务院批复决定设立中国(广东)自由贸易试验区,广东自贸区涵盖三个片区:广州南沙新区片区、深圳前海蛇口片区、珠海横琴新区片区,总面积116.2平方公里,广东自贸区立足面向港澳台深度融合。

2015

1月4日,国务院总理李克强视察深圳前海微众银行,并在银行敲下电脑回车键,发放了国内首家互联网民营银行的第一笔贷款。

1月12日,国内首家具有金融属性的船艇交易机构——前海国际船艇交易中心(简称"前海船交所")正式开业,采用"船艇+金融+互联网"的商业模式。

3月16日,商务部正式批复同意深圳前海开展平行进口汽车试点。

3月27日,深圳首家进口保税实体店腾邦前海国际跨境保税购物展示中心在前海万科企业公馆试营业,海捣网同时开通,可在线下单3日内到货。

4月20日,《中国(广东)自由贸易试验区总体方案》出台,《自由贸易试验区外商投资准入特别管理措施(负面清单)》公布。

4月21日,中国(广东)自由贸易试验区挂牌仪式在广州南沙举行,前海蛇口片区挂牌。

4月27日,中国(广东)自由贸易试验区前海蛇口片区正式揭牌启动。

4月29日,深圳市地方税务局和深圳市国家税务局联合发布了《深圳前海深港现代服务业合作区企业所得税优惠政策操作指引》。该《操作指引》对设在前海深港现代服务业合作区的符合条件的鼓励类产业企业减按15%的税率征收企业所得税,符合条件的前海企业所得税税收优惠备案管理实行"以报代备"方式。

5月16日，由前海智媒主办的新四板与创业创新峰会暨新四板基金发布仪式在深圳前海举行，会上见证了"前海钟"的启用和中国第一只新四板基金的发布。

7月23日，《中国（广东）自由贸易试验区深圳前海蛇口片区建设实施方案》正式公布，明确了前海蛇口自贸片区的战略定位、总体目标和功能布局。

9月20日，中国港澳台和外国法律查明研究中心、最高人民法院港澳台和外国法律查明基地、最高人民法院港澳台和外国法律查明研究基地落户前海。

9月21日，自贸区金融仲裁中心揭牌。

9月28日，全国首个跨境电商检验认证联盟在前海挂牌成立。

12月3日，深圳市前海创新研究院与香港大学在前海合作区内共同举办"前海跨境金融指数发布仪式"，共同启动第一期前海跨境金融指数发布。

12月31日，"深圳前海蛇口片区信用网"正式上线。此次前海蛇口自贸片区信用网的上线，反映了前海蛇口自贸片区建设社会信用体系的阶段性成果。

2016

1月8日，前海母基金创立大会在五洲宾馆召开，凭借总规模215亿元人民币，成为国内最大的商业化募集母基金、股权行业单只规模最大的基金。

3月19日，由前海联控公司旗下前海企业服务有限公司主办的"2016前海企业发展论坛"在前海万科企业公馆举办。论坛上，前海蛇口自贸片区内首家一站式企业综合商务服务O2O平台"前海站"正式上线,包括智联招聘在内的首批16家平台服务商入驻。

8月18日,由中国国新控股有限责任公司、中国邮政储蓄银行、中国建设银行、深圳市投资控股有限公司共同出资设立的中国国有资本风险投资基金在深圳前海注册。该基金总规模按2000亿元人民币设计,首期规模1000亿元。

9月8日,内地首家港资控股合资基金——恒生前海基金管理有限公司于深圳前海举行开业仪式。该公司由香港恒生银行占股70%,深圳市前海金控占股30%。

9月22日,中国工商银行深圳市分行携手深圳市前海通有限公司在深圳举办"工银前海通信用卡发布仪式",正式向市场发行"工银前海通信用卡和工银前海通闪酷卡",这标志着全国首张具备"一卡多应用"的前海深港合作区特色功能的信用卡就此诞生。

10月11日,深圳前海金融控股有限公司与深圳市地铁集团有限公司正式签署战略合作协议,联手打造国内自贸区首个基金小镇——前海深港基金小镇。

10月25日,前海蛇口自贸片区召开《中国(广东)自由贸易试验区深圳前海蛇口片区"证照分离"改革实施方案》发布会。深圳自2013年3月1日全国率先实施商事制度改革后,又以前海蛇口自贸片区为试点启动"证照分离2.0版"改革,此次改革重在简化企业设立的后置审批。

11月8日,《深圳前海合作区人民法院实施审判精品战略工作指引》发布,前海法院审判精品战略借鉴了香港的审判模式。

2017

1月18日，前海蛇口自贸片区暨前海深港合作区社会信用服务中心揭牌成立，与市市场和质量监管委签署《深入推进中国（广东）自由贸易试验区深圳前海蛇口片区改革发展合作备忘录》，正式在片区启动了"企信惠"项目。

3月21日，中国（广东）自贸试验区深圳前海蛇口片区法治创新成果发布会暨"一带一路"法治地图项目启动仪式在前海万科企业公馆国际会议中心召开。"一带一路"法治地图项目致力于打造全国首个服务于"一带一路"建设的大型中文法律公共数据库和国际化公共法律服务平台。

3月31日，前海蛇口自贸片区管委会主任办公会研究通过了《前海蛇口自贸片区暨前海深港合作区迎接香港回归祖国20周年重点工作方案》《关于推进"大前海"湾区联动发展的工作方案》《前海中国特色社会主义法治建设示范区规划纲要（2017—2020）》《中国（广东）自由贸易试验区深圳前海蛇口片区暨前海深港现代服务业合作区关于深化改革推进制度创新工作的指导意见》以及《中国（广东）自由贸易试验区深圳前海蛇口片区打造高水平对外开放门户枢纽总体方案》等文件，为前海蛇口下一步工作明确了方向。

4月13日，广东省委常委、深圳市委书记王伟中来到前海调研，实地了解前海开发建设情况，这也是他到深圳开展调研工作的第一站。王伟中在调研中提及前海开发建设时称："坚持一张蓝图绘到底，一任接着一任往下干。"

4月20日，"前海深港现代服务业合作区香港工程建设模式政策及工作进展推介会"在前海深港青年梦工场举行。会议介绍了前海试行香港工程建设模式的进展，以及《香港工程建设领域专业人士在前海合作区备案指引》。前海第一个试点"香港工程建设模式"的投资项目——嘉里前海项目采用建筑师负责制,并与大量香港顾问机构与专业人士合作。

4月25日,前海首次发布《前海廉洁状况白皮书(2016)》。调查显示,前海廉洁状况总体较好,廉洁指数总得分82.2分。此次发布的《前海廉洁状况白皮书(2016)》,是由前海廉政监督局联合前海廉政监督决策咨询委员会委托深圳大学城市治理研究院研究编制。

5月16日,由深圳市银行业协会、前海国家税务局、前海地方税务局联合主办的"电子税务局走进银行"税银合作项目启动仪式在前海举行。从此,国地税和银行业务将实现"进一家门办两家事"的新服务模式。

6月5日,中国检察学研究会暨第十八届全国检察理论研究年会在前海举行,会上,"最高人民检察院检察理论研究所法治前海研究基地"揭牌。会议期间,新成立的法治前海研究基地举行主题为"检察工作创新发展"的研讨会。

7月,全国首笔跨境电子支票缴税入库前海。在香港回归祖国20周年之际,由深圳市国税局、深圳市地税局、人行深圳中心支行、香港金管局联合发起,深圳金融电子结算中心有限公司承建,联通深港两地银行而推出的"跨境电子支票缴税"正式上线。

7月13日,《中国(广东)自由贸易试验区深圳前海蛇口片区综合规划(草案)》公示并征求公众意见。规划指出,前海重点发展金融服务、商务服务、信息服务、科技服务、国际商贸与现代物流、文化创意与旅游服务等战略性新兴服务业。

9月27日,中国(广东)自由贸易试验区前海蛇口片区管委会、深圳前海管理局、中国社会科学院国家法治指数研究中心共同在深圳发布了全国首个自贸区法治指数——"前海法治指数评估指标体系"。

11月24日，前海管理局党组会议审议通过前海贯彻落实十九大精神首批系列改革方案。会议审议通过了《加快创建信用经济试验示范区的行动方案》《关于组建前海国际人才服务平台的方案》《科技创新行动计划》《关于金融服务实体经济防控金融风险深化金融改革的实施意见》等。

12月1日，由深圳市司法局、前海管理局、深圳仲裁委员会联合主办的"深圳创客法律中心成立暨创客法律研讨会"在深圳前海深港青年梦工场顺利召开。会上，深圳创客法律中心正式揭牌成立。